언제나 그리운 사람

오재경

언제나 그리운 사람
오재경

초판 1쇄 인쇄 2016년 6월 10일
초판 1쇄 발행 2016년 6월 20일

지은이 죽포회 | **펴낸이** 윤진영 | **펴낸곳** 도서출판 대학서림
본문 디자인 디자인베이더
등록번호 제1-88 | **등록일자** 1965년 1월 20일
주소 서울시 종로구 혜화로 2길 8
전화 (02)763-1220 | **팩스** (02)744-1210
Homepage www.daihaks.com
ISBN 978-89-6940-134-2 04810, 978-89-6940-135-9(세트)

값 13,000원

언 제 나　그 리 운　사 람

오재경

죽포회 편

菅野 多利雄, 강영숙, 김경숙, 김규, 김기호, 김덕준, 김동길, 김옥라,
김인순, 남선우, 노영혜, 메루니사 라마니, 박광옥, 박현경, 방우영, 신수정,
신우재, 吉田昌弘, 유정열, 이계준, 이동건, 이성철, 이연숙, 채희병, 최종식, 홍문표

도서출판 대학서림

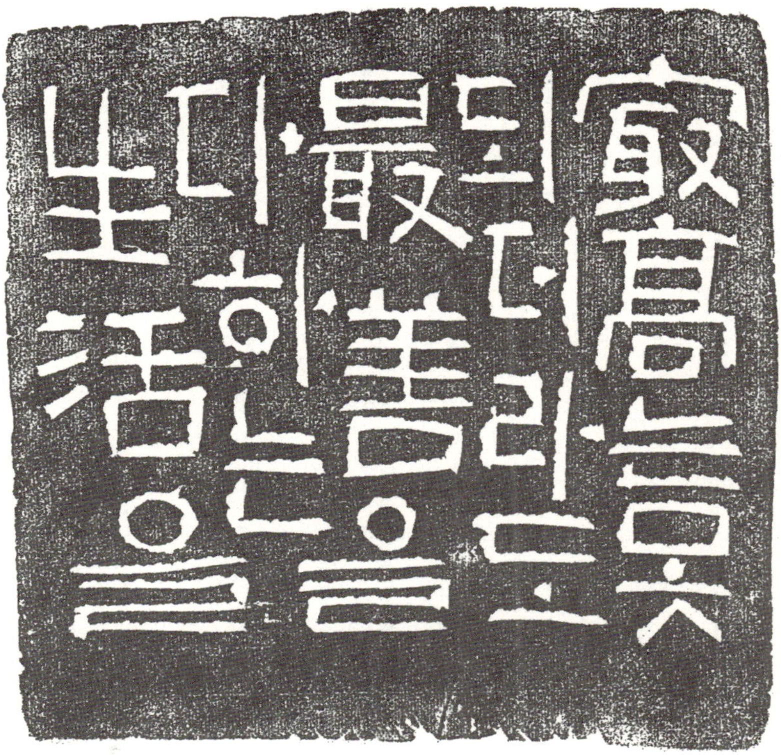

책을 내면서

죽포(竹圃) 오재경 선생이 우리 곁을 떠나신지 올해로 4년이 됩니다. 오재경 선생이 이 나라의 사회복지, 언론, 교육, 문화예술, 관광, 문화유산, 로타리 운동 등 여러 분야에서 남긴 발자취는 넓고도 깊습니다. 그 분의 업적은 해방 후 혼란기와 6.25전쟁, 4.19와 5.16 등 격동기에 자원도 재원도 턱 없이 부족하던 시절에 이루어진 개척자적인 것이어서 더욱 의의가 큽니다. 세상에 이상주의자는 많지만 생각만큼 실천을 한 사람은 드뭅니다. 오재경 선생은 이상주의자이자 실천가였습니다.

사람들은 우선 그 분이 일을 하셨던 분야의 다양성에 놀라게 됩니다. 이런 면모를 두고 선생을 르네상스적 인간이라고 말하기도 합니다. 이승만, 정인보, 조병옥, 박정희, 이병철 등 여러 지도자들이 선생을 아끼고 기용했던 것은 오재경 선생의 사람됨과 능력이 어떠했는지를 말해 줍니다.

선생은 이 나라 공직자의 새로운 모델을 보여준 분이기도 합니다. 일제강점기의 권위주의적인 '관리'에 대체할 민주주의 국가의 '공복' 모델을 처음으로 보여준 분으로 평가되기도 합니다.

선생을 생각할 때 마다 그 분이 좌우명으로 삼던 "깨끗한 것은 성스러운 것에 가장 가까운 것"이라는 격언을 상기하게 됩니다. 선생을 기억하는 분들은 모두 유달리 단정했던 선생의 복장과 몸가짐에 대해서 이야기 합니다. 깨끗함을 추구하는 선생의 청결벽은 생각과 처신에서도 마찬가지였습니다. 죽포라는 아호가 말해 주듯 선생은 강직하고 맑은 기품을 지닌 분이었습니다.

선생은 무엇 보다도 일을 사랑하는 분이었습니다. 서슴없이 그 분을 한국최초의 워크홀릭이라고 지적하는 분도 있습니다. 선생은 또 사람을 아끼고 사랑한 분이었습니다. 직장에서는 엄하면서도 따뜻한 상관이었고, 평생 관여했던 수많은 단체와 모임에서는 스승이고 큰 어른이셨습니다. 그래서 선생을 모시고 일했던 분들과 사회생활에서 인연을 맺었던 많은 분들이 고인이 되신 선생을 그리워하고 있습니다.

이런 분들이 모여서 2014년 5월 '죽포회'라는 모임을 만들었습니다. 여기 여러분에게 선 보이는 "언제나 그리운 사람 오재경"은 지난 2년간 죽포회 모임에서 있었던 오재경 선생에 대한 이야기를 정리한 것입니다. 선생의 삶과 업적 등 전기적인 이야기는 신현덕 교수가 맡아서 집필하여 별도의 책으로 엮었습니다. 자매관계에 있는 이 두 권의 책이 오재경 선생의 높은 뜻과 업적을 세상에 알리는데 조금이라도 보탬이 되었으면 합니다.

이 책이 나오기까지 모임의 정신적인 지주역할을 해 주시고 회합장소를 제공해 주신 김동길 교수님, 그리고 모임 때 마다 정갈하고 맛있는 점심을 제공하여 주신 박보희 교수님께 감사드립니다. 또 흔쾌히 출판을 맡아주신 윤진영 대학서림 회장께도 감사드립니다.

죽포회장 신우재

목차

고 죽포 오재경 95회 생신 기념예배

2014년 6월 22일
태평양시대위원회 강의실

사회 : 김동길 박사

오늘 오재경 선생님 95회 생신을 맞아, 그 분을 그리워하는 사람들이 여러분의 의견도 있었고 또 박보희 선생님 뜻도 모이는 게 어떻겠는가 하여 평소에 가까이 지내시던 분들을 모셨습니다. 그는 한 시대를 사시면서, 교회의 장로로서, 우리에게 신앙의 유산을 많이 주셨고, 한평생 사시면서 신앙뿐 아니라 문화적 유산도 풍성히 주셨습니다. 저희가 살아가는데 뗄 수 없는 문화, 기독교적 체취가 스며있는 문화 유산을 많이 남겨주셔서 우리가 살아있는 동안에는 그가 우리 가운데 계셨다는 사실을 잊을 수는 없습니다. 그래서 오늘 생일을 맞이하여 모임을 갖게 되었습니다. 신우재 죽포회 회장께서 나오셔서 말씀하시겠고 또 목사님이 오셨으니 기도를 이끄시고, 그리고 나서 냉면을 시작하도록 하겠습니다.

박보희 선생님이 서른다섯 분쯤 오실 거라고 해서 조금 넉넉

하게 40인분을 준비했습니다.

귀한 시간들을 내서 여기에 함께 하신 여러분께 정말 감사하다는 말씀을 드립니다. 그리고 이 모임 이름이 죽포회 입니다. 죽포회가 시작된 것과 관련해서 두 마디만 하겠습니다. 저는 한 역사를 이어가고 싶은 마음에 이 모임을 생각했습니다.

그 역사의 한 줄기는 오재경 선생님의 공직과 관련된 겁니다. 여러분들이 많이 말씀하셨지만 오 선생님의 공직 삶 그리고 그 외 사회를 위한 일, 이런 것이 굉장히 우리 사회의 여러 측면에서 기초가 되는 그런 일을 하신 걸로 저는 생각을 합니다. 오 선생님이 몸담았던 여러 분야를 보면 아직도 해야 할 일이 너무나 많습니다. 그래서 오 선생님이 시작한 여러 영역의 앞날을 우리가 좀 더 진지하게 이어갈 필요가 있지 않을까 생각합니다.

다른 줄기의 역사는 오선생님과 제가 사적인 차원에서 두 사람이 서로 깊이 이해하고 또 사랑을 나눌 수 있는 그런 삶을 가졌습니다. 그 삶의 역사도 어떻게 하든지 간에 이어가고 싶은, 이승에서 다 못한 것을 저승까지도 이어가고 싶은 생각이 있어서, 이런 두 가지 역사를 이어가고자 하는 것이 제 동기라고 말씀 드릴 수 있습니다.

그래서 그렇게 공적인 영역에서, 사적인 영역에서, 이것은 우리에게 필요한, 의미가 있는 일이 아닌가 합니다. 이러한 일에 여러분들이 동참을 해주시면 앞으로 1년이건 그 이상이건 그 역사의 발자취를 우리가 가질 수 있게 되지 않을까, 그래서 그것을 나눌 수 있지 않을까 그런 생각입니다.

오늘 이렇게 참석해 주신 것 감사드리고, 앞으로도 가능한 한 활발하게 함께 해주시면 더욱더 감사하겠습니다.

기도: 김인순 목사 (의정부 주님의 교회)

하나님 앞에 다 같이 기도드리겠습니다.

전도서가 이르되,

헛되고 헛되며 헛되니 모든 것이 헛되도다. 우리의 년 수가 70이요 강건하면 80이라지만 그 년 수의 사랑은 수고와 슬픔뿐이요 신속히 가니, 우리가 날아가나이다. 우리에게 우리의 날이 계수함을 가르치사 지혜로운 마음을 얻게 하소서. 결국 하나님을 경위하고 그의 명령들을 지키는 것이 사람의 본분이다.

그러므로 누구든지 크고 자 하는 자는 너희를 섬기는 자가 되고 너희 중에 으뜸이 되고자 하는 자는 모든 사람의 종이 되어야 하리라. 인자가 온 것은 섬김을 받으려 함이 아니라 도리어 섬기려 하고 자기 목숨을 많은 사람의 속물로 주려 함이니라.

우리 생명의 주가 되시는 전지전능하신 아버지 하나님께 오늘 먼저 감사와 영광을 올리며, 하나님께서 귀히 여기시고 사랑하셨던 죽포 오재경 선생님 지금 주님 품에 안겨서 우리들의 모임의 모습을 보시고 계실 줄 믿습니다.

하나님, 오늘 하나님께서 우리가 이 자리에 있게 하신 것은 하나님의 영광을 위한 아름다운 모임의 자리가 될 수 있도록, 하나님께서 앞서 가신 우리 오재경 장관님을 통해서 우리가 이 땅에 사는 동안 우리가 무엇을 해야 하는 지를 분명하게 깨닫게 하시려는 하나님의 뜻인 줄로 믿습니다.

하나님, 우리가 이 시대를 살아가면서 참으로 시대가 어수선하여 우리가 정말 그리스도의 천백 삶을 살아갈 때 장로님께서 앞서서 모든 것을 행하시며, 손수 실천에 옮기시며 모든 사람에게 본이 되었던 것처럼 우리가 먼저는 그리스도인이요 하나님의 백성으로서 하나님 앞에 섰을 때 한 점 부끄럼이 없는 그런 삶을 살아갈 수 있도록 날마다 우리 자신을 쳐서 십자가에 복종할 수 있는 귀한 은혜를 내려 주시길 원합니다.

오재경 장로님께서 생존해 계실 적에, 많은 사람이 어려움 겪을 적에, 그들을 내치기가 너무 가슴이 아파서 내가 먼서 사표를 냈노라 말씀하신 적이 있습니다.

하나님 진정 우리가 이 땅에 살아가는 동안 그리스도인 된 자로서 예수 그리스도의 흔적을 가진 자로서 무엇을 먼저 해야 하는지 용기와 결단이 있게 하여 주시옵소서. 나라가 민족을 위해서 또 국가를 위해서 너무나도 힘들 때, 어려움과 고통에 쌓인 이웃들을 위해서 항상 솔선수범하시며 앞서 가셨던 오 장로님의 모습을 바라보면서, 예수님께서 가장 힘들고 어렵고 가난한 자들을 찾아다니시면서 어루만지시며 위로하시고 소망하셨던 것처럼, 오 장로님이 예수 본을 따라 살았던 것처럼, 오늘 이 시대를 살아가는 우리가 올바른 그리스도의 정신을 가지고 국가를 위해서 헌신하며 하나님께 영광을 돌릴 수 있는 참된 그리스도인이 될 수 있도록 하나님 인도하여 주시옵소서.

우리가 이 땅에 영원히 사는 것이 아니라 어느 때 주님이 부르실 때에 주님 앞에서 우리가 살아온 날들을 결산할 것이온데 하나님께서 우리에게 무엇을 하였느냐고 물으실 때에 우물쭈물 할 수 밖에 없다면 하나님께 우리는 부끄러운 모습이 아니고 무엇이겠습니까, 하나님 앞에서 잘했다고 칭찬받는 우리의 모습이 다 될 수 있도록 하나님 축복해 주시옵소서. 예수 그리스도의 생명의 씨앗을 가진 그리스도인으로서 하나님 오늘도 한자리에 모이게 하심 참으로 감사합니다.

우리 오 장로님께서 항상 모범적으로 살아가셨던 것처럼 우리가 우리 인생의 한 부분만 볼 게 아니라 인생의 전 부분, 인생의 모든 차원에 있어서 참된 거룩한 삶을 살아 아름다운 민족으로 하나님께 영광을 돌릴 수 있도록 인도해 주시옵소서.

우리 장로님이 여러 모로 모든 사람들의 사랑을 받으실 줄로 믿습니다. 우리도 또 당신 앞에 갔을 때 우리 뒤의 우리의 모습을 보면서 우리의 모습을 아름답다 할 자가 과연 누구일지를 그리면서 언제나 주님 안에서 살아갈 수 있도록 인도하여 주시옵소서. 오늘 이 자리에 함께한 우리 귀한 영혼 한분 한분께 하나님의 한없는 축복과 은총 내려 주시고 또 삶의 자리에서 하나님께 영광을 돌릴 수 있도록 하여 주시옵소서. 성령께서 이 시간 함께 하심을 감사드리며 예수님의 이름으로 기도드리나이다. 아멘.

시낭송: 노영혜 여사 (종이문화원 이사장)

〈미래의 꿈을 접어 펼쳐라〉

한 그루의 큰 꿈나무 거듭난 분말 맑은 사각의 종이가 되어
한 장의 사각 종이 접혀지고 승화되어 창조의 미래를 열어가며
동방의 백의민족은 배달의 고운 빛을 타고 태어나
고난 줄의 연을 접어 하늘까지 날리고
천정엔 학이 울고 벽엔 송죽이 서고 방바닥엔 고운 장판이
안식을 주네
한번 접은 나의 꿈은 한을 달래고 두 번 접은 고통을 승화하고
세 번 접은 나의 꿈은 평화를 노래하네.
우리의 소원은 통일. 접은 종이를 천지 물에 띄워버리면
오천년 묵은 나무 평화의 꽃을 피우리라.

기리는 말씀 : 방우영 조선일보 명예회장

작년 봄, 김동길 박사 댁에서 생일 때 냉면 대접을 받았어요. 그 때 오재경 선생님이 오셨습니다. 용모도 변함이 없으셨고 또 자세도 꼿꼿하셨습니다. 단지 다리가 불편하셔서 부인과 함께 휠체어를 타고 오셨지요. 그래도 냉면을 맛있게 잡수셨어요. 그래서 제 생각에는 100세까지 문제없이 계시겠다 그러고 있었는데 나중에 세상을 떠나셨지요. 저로서는 몹시 가슴이 아팠습니다.

제가 많은 사랑을 받았었습니다. 한국전쟁이 끝나고 제가 27살 때 문교부 출입 기자를 했었어요. 그 때 이선근 박사가 문교

부 장관을 했었는데, 그 때 오재경 선생님이 운크라(UNKRA)에 파견되셔서 영문도 많이 작성해 주셨어요. 그래서 가끔 가서 배우기도 하고 모르는 영어도 가르쳐 달라고 했습니다. 그러면서 세월이 지나갔고, 제가 신문사에서 지위가 조금씩 높아졌지요. 1960년대 한국 영화 발전을 위해서 청룡영화상을 제작했습니다. 명동 시공관(市公館)에서 시상식을 했습니다. 오 장관님은 그때 형님처럼 처음부터 끝까지 무대장치는 어떻게 해라. 진행은 어떻게 해라, 자세히 전부다 말씀해 주셔서 참 무사히 청룡영화상 제1회를 끝낼 수 있었습니다.

그 분에 대한 일화는 많죠. 골프장에 가끔 모시고 나가면 잡초를 많이 뽑았어요. '아 선생님 그 궁하게 뭐 그런 걸 하시나요.' 하면 '이봐 방군, 여기 전부다 점잖은 사람들이야.' 그 초원에서 잡초 나온 걸 보고 그대로 지나간다면 골프할 자격이 없다고. 참 자상하고 참, 높으신 분이었어요. 솔선수범한 분이셨어요. 지금도 생각이 납니다. 오늘 2주기를 맞아서 생전의 모습이 생생한데... 이렇게 불러주시고 냉면까지 대접해주셔서 감사합니다.

呉在璟国際ロータリー元理事に捧ぐ

菅野　多利雄
国際ロータリー元理事

呉元理事が2012年6月27日に 幽明境を 異にしてから もう二年数か月となる。1980年と記憶するが お互いに ロータリーの グループリーダーとして 米国 フロリダ州 ボカラトーンでの 国際協議会で生活を共にしてから 約30年余になった。それ以来 お互いにアメリカ、韓国、日本で しばしば出会いを共にし、韓国 特にソウルへ 訪問する度に 友情を深めてゆくことが出来た。彼は 立教大学で 学んだこともあり日本語を 流暢に話した。来日した 際には しばしば ロータリーの会合を 共にした。そして 彼は「自分の 日本の 分身は 菅野さんであり、菅野さんの 韓国での 分身は 自分である」と言うことをよく私に語り、そして相互に ロータリーに ついての 想いを 深めつつ 友情を 交換して参りました。

2012年6月27日 亡くなられる 直前に 韓国の 病床を見舞ったがすでに意識は なく、私の問いかけに いつもの 笑顔を 返してくるような ことはなかった。私は 彼の頬に 手を触れ 色々な 想いを 心の中

で 伝え 別れを告げて 帰国したが、間もなく彼は 永い旅に 立って 行ってしまった。私の健康の 状態で 告別式に 参列出来ない悶々とした日を 送っていたが、漸く 第3640地区大会の 機会に ソウルに 赴くことが出来た。しかし 彼のいない ソウルの空は 晴れていたが 私の心は虚しく沈んで 暗かった。ようやく 5月14日、山の中腹で 眠る 彼の 墓前に 人々の 助けを 借りて 漸く 辿りつき、花を捧げ 彼の胸像に 手を触れて、永い間の 友情を語り合おうとしたが 遂に 言葉にはならず、寂しい 想いをして 帰らざるを得なかった。

彼は 初代の 李承晩大統領以来、高級官僚として 何人かの 大統領に仕えて来たが、常に 高潔な官僚として その生涯を終え、また敬虔な 長老クリスチャンとして 多くの 信者から 尊敬され、更に 韓国のロータリアンから「韓国ロータリーの父」として 常に敬意をもって 遇され、晩年 歩行に不自由な身体でありながら 求められるままに ロータリーの会合に出席し、ロータリーへの 深い愛情を 披瀝して 敬慕されてきた。

私は 永年に 亘って 彼の言動に 触れ、そこに 真の ロータリアンの姿を見ることが出来た。たとえ 幽明境を 異にしても 彼の心は 私の生涯を 通じて 深く 私の心の中に 生き続けて いくだろうと 確信している。

その後 ソウルを 訪ねて いるが、令夫人の 住む お宅に お伺いして 呉元理事の お写真に 祈りを 捧げるのみである。なぜならば 私は歩行不安定なために 呉元理事の 墓前に 行くまでの 道程を 一人で歩くことが 困難であり、容易に お参りすることが できないからである。

初めて 墓前に 額づいた時は 車椅子を 4人に 支えてもらって 行くことになった。自由に 呉元理事に 会いに 行けないのは 残念でならない令夫人に お手紙や お電話で 連絡する度に 呉元理事の 眠っている 霊廟の状況をお聞きするが、未だ 改善されて いないということを聞き、悲しく思っている。一日も早く問題が解決し、いつでも 誰でも 呉元理事の 墓前に お参り できるように なることを 心から 願ってやまない。

오재경 국제로타리
前 이사님께 바칩니다.

菅野　多利雄
国際로타리 元理事

오재경 전 이사님이 2012년 6월 27일 유명을 달리 하신지 어언 2년 수개월이 지났습니다.

1980년으로 기억되는데 국제로타리의 그룹 리더로써 서로가 미국 프로리다주의 보카라톤에서 열린 국제협의회에서의 생활을 함께 한지 30여년이 지났습니다.

그 이후부터 서로가 미국, 한국, 일본에서 자주 만나게 되었으며 특히 서울을 방문할 때마다 깊은 우정을 쌓아가게 되었습니다. 그 분은 일본의 릿교(立教)대학에서 수학하였기 때문에 일본말을 유창하게 하셨습니다. 일본에 오셨을 때 종종 로타리 회합을 함께 하였습니다. 그래서 그분은 「자신의 日本에서의 분신은 간노(菅野)씨이며 간노씨의 한국에서의 분신은 나 오재경이다」라는 말씀을 저에게 자주 하셨습니다. 그래서 서로 로타리에 대한 생각을 깊게 하면서 우정을 쌓아오고 있었습니다.

운명하시기 직전인 2012년 6월 27일에 병상을 찾아뵈었지만 이미 의식이 없으셨으며 저의 물음에 대하여서 늘 보여 주셨던 웃는 얼굴을 보여 주시지 못하였습니다. 저는 그분의 뺨을 쓰다듬으면서 맘속으로 작별을 고하고 귀국하였는데 얼마 못 가서 그 분은 영원한 길로 떠나 버리셨습니다. 저의 건강상태가 좋지 못해 장례식에도 참석 못해 서글픈 나날을 보내고 있었는데 얼마 있다가 국제로타리 제 3640지구대회를 기회로 서울을 방문하게 되었습니다. 그러나 그 분이 계시지 않는 서울의 하늘은 맑게 개어 있었지만 저의 심정은 허무에 빠지고 가라앉아 어두웠습니다. 5월 14일에야 간신히 산속 중턱에 잠들어 계시는 그분의 묘소 앞에 사람들의 부축을 받아 간신히 도착하여 꽃다발을 봉헌하고 그 분의 흉상에 손을 언고 긴 세월의 우정을 서로 주고 받으려 하였으나 말로 되어지지 않았으며 슬픈 마음으로 돌아올 수밖에 없었습니다.

그분께서는 이승만 초대대통령 시기이래 고위 관료로써 몇 분의 대통령을 모셔 왔지만 언제나 고결한 관료로써 그의 생애를 마치셨고 경건한 크리스찬 장로로써 수많은 신자들로부터 존경을 받았으며 또한 한국의 로타리안으로부터 「한국 로타리의 대부」로 존경스러운 대우를 끊임없이 받았으며 말년에는 보행에 부자연스러운 신체를 무릅쓰고 로타리 회합에 출석하여 로타리에 대한 깊은 애정을 피력하여 존경과 사랑을 받으셨습니다.

저는 오랜 세월에 걸쳐 그분의 말씀을 직접 들으면서 거기에서 진정한 로타리안의 모습을 볼 수가 있었습니다. 지금은 비록 유명을 달리 하셨지만 그 분의 마음은 저의 생애 동안 깊이 자리 잡혀 내 맘속에 살아 계실 거라 확신하고 있습니다.

그 후에도 서울을 방문하였지만 사모님이 살고 계시는 댁을 방문하여 오재경 전 이사님의 사진에 기도를 드릴 뿐입니다. 왜냐하면 저는 보행이 불안정하기 때문에 오 전이사님의 묘소에 가기까지의 과정을 혼자서 하기가 힘들어 쉽사리 참배할 수가 없기 때문입니다. 처음으로 산소 앞에서 배례한 때에는 4명이 부축하여 휠체어를 끌어주어 갈 수 있었습니다. 자유롭게 오 전이사님을 만나 뵈러 가지 못하는 것이 안타깝습니다.

사모님에게 편지나 전화로 연락드릴 때마다 오 전이사님이 잠 들어 계시는 산소의 상황을 듣고 있는데 아직 개선되지 못하고 있다는 사실을 듣고 있어 슬프게 생각하고 있습니다. 하루라도 빨리 문제가 해결되어 언제나 누구든지 오 전이사님의 산소 참배를 할 수 있게 되기를 빌어 마지않습니다.

번역: 신용자

같은 마음으로 존경하니까

강영숙
예지원 원장

오재경 장관께서 '강영숙에게 방송 프로그램을 맡겨라' 는 특명을 내리셨었습니다. 이와 관련이 기회에 하나의 극비를 공개할까합니다. 제 남편이 조선일보 방우영 회장님하고 동기이신데 그 분하고 저를 오 장관께서 중매하셨어요. 어느 날 우리 둘을 불러 가지고 "둘이 잘 사귀어 봐, 어떤 일이 생길지 내가 보고 있을 것이야." 이래 가지고 저희가 교제를 하기 시작한 것이 남산 KBS 시절이었습니다.

그때 당시 KBS 아나운서 실장께서 지나가는 농담조로 여자 아나운서는 '모든 남자를 색마로 아는 것이 좋아.' 이렇게 저에게 조크를 하셨거든요. 그런데 어느 날 그 청년이 지금의 남편이지요. 구내전화로 '산길로 와요...' 그래요. 리라국민학교 옆에 남산 아니겠습니까? 산길로 와요 이래요. 드디어 색마가 형태를 나타내는 구나하는 생각에 "산길이라니요?" 이랬더니 바로 앞에 다방이 하나 생겼는데 그 이름이 "산길"이었습니다. 그래서 결국 오 장관께서 참으로 저희 둘을 맺어 잘 살아 가도록 해주셨습니다.

또 하나 오 장관께서 KBS의 국장님한테 특명을 내리셨어요. 강영숙 아나운서가 결혼을 해서 아이 둘 낳을 때까지 나오도록 하시오. 이게 뭐 무슨 서류상의 특명은 아니에요. 그런데 오 장관께서 말씀을 하시니까, 당시 이운영 국장님께서 "네 알겠습니다." 이랬는데 드디어 중매가 성공이 돼서 남편과 결혼을 하게 됐어요. 그랬더니 오 장관님께서 또 특명을 내시기를 "아이 둘 낳을 때까지 사표를 받지 마시오." 하셨어요. 당시에는 사회 제도가 여자들은 결혼을 하면 사표를 다 내게 되어 있었습니다. 단, 학교는 달랐지요. 그러니까 저도 이제 결혼을 했으니까 아이를 가져야 되겠다 싶어 아이를 가졌는데 사표를 내려고 했을 때 오 장관께서는 안 된다는 겁니다. 아이를 둘 낳을 때까지 입니다. 그 때 오 장관의 말씀은 이유가 없었습니다.

그래서 다니다 보니까 우리 후배들이 모두 결혼할 나이가 돼서 결혼을 했어도 줄줄이 다 나오게 됐어요. 그네들은 무조건 나오고 싶은 거예요. 물론 나와서 좋죠. 아시는 바와 같이 지금은 라디오에도 분야가 많습니다. 스포츠 중계도 다르고 그런데 그 당시는 아나운서가 아마 80% 다 맡아서 했어요. 음악 소개도 전부 아나운서가 했는데 클래식 음악 4악장을 다 소개하려면 상당한 시간이 걸립니다. 1시간이 넘을 때도 있었지요. 그래서 1악장 소개한 다음에는 보통 졸아요. 임산부인 우리 아나운서 후배들도 저도 그랬지요. 그런데 저는 그때부터 오 장관님의 특명이라는

게 머릿속에 꽉 있어가지고 그 안에서 메모를 하고 책을 읽으면서 잠을 쫓아냈는데, 보통 후배들은 1악장 소개한 다음에 자기도 모르게 쿨~ 하고 잠에 떨어지면, 방송 엔지니어들이 막 불을 켭니다. 그런데 불을 켜도 잠자는 본인들은 알아차리지 못했어요. 어머니들 아기를 다 가져봤으면 아시겠지만 잠을 맘대로 못 하잖아요. 그렇지만 그 당시 엔지니어들이, "한 두 명도 아니고, 기혼 여성 아나운서들은 안 되겠어요" 라며 성명서를 냈어요. 그러니까 이운영 국장님께서 이거 큰일 났거든요. 방송에는 지장이 생겼고 오재경 장관께서는 기혼여성도 돼! 이렇게 하셨으니까 이거 고민이 생긴 거예요.

그 때 제가 생각을 했습니다. 아, 내가 이제 그만 둬야겠구나, 그래서 제가 사표를 내니까 오 장관께서 참 저를 그렇게 아껴 주셨나 봐요. 오 장관님은 기혼 임산부 여성 아나운서인 저를 "제2방송으로 보내."라며 사회생활을 할 수 있도록 도와주셨어요. 그래서 제가 KBS 제2방송으로 갔어요, 후배들도 전부 "우리도 제2방송으로 보내주세요", 했어요. 아, 그래서 다시 저는,"내가 사표를 내야겠구나", 했는데, 이런 때에 MBC 민방이 생겼습니다. 민방에서 강영숙 아나운서를 데려와라 했어요. 거기서 온 피디한테 제가 농담으로 "나 데려가려면 사장 다음 월급을 줘야지 가요." 이랬거든요. 그러니까 "아 그거는 안 되지요, 그럴 수가 없지요."라는 거예요. "아 그러면 안가면 되지요." 이랬어요. 그러니까 이 피디가 가서 제 얘기를 했나 봐요, 사장한테. 그런데 그 당시 MBC 사장님은 "스카우트 해와!" 이래 가지고 제가 사장 다음으로 월급을 많이 받고 민방에 간 1호입니다.

민방에 가서 여러 가지 일을 하는데 제 프로듀서가 "민방이라고 하는 것은 스폰서의 말을 잘 들어야 됩니다." 그래요. 사실 그래야 되지요. 그런데 제가 맡은 그 스폰서가 동아제약이었습니다. 강신옥 회장님이 그 때 영업담당이었어요. 저는 그 때 쌍쌍파티라고 하는 프로를 맡았어요, 프로의 스폰서인 동아제약에서는 상품을 주면서 "이것은 박카스 입니다." 라고 해달라는 거예요, 저한테. 할 수가 없었어요, 자존심이 상하고. 그 때만 하더라도 그런 시절이었어요. '에휴…박카스…사은품이…'. 그런데 피디가 와가지고 "민방은 절대 스폰서 말대로 해야 됩니다." 이러는 거예요. 그건 그렇죠, 저도 알지요. 그래서 어떤 방법으로 해야 좀 유치하지 않게 할 수 있을까 제 생각이 움직였습니다. 상품이니까 좋은 거죠. 그래서 그러면 박카스가 뭐에요? 무슨 이름이에요? 술의 신이지요. 그래서 "자 축하합니다. 이것은 그야말로 술의 신께서 여러분을 축하하기 위해서 드리는 박카스 입니다." 이에 동아제약에서 아주 난리가 났었어요.

세월이 지나고 그러는 사이에 제가 사단법인을 만드는 계기가 됐습니다. 이것이 지금 예지원이라는 교육기관입니다. 그게 금년으로 40주년이 되었고, 육영수 여사님 돌아가신 후 세월하고 똑 같습니다. 육 여사님께서 돌아가시고, 한 달 후에 제가 '예지원' 개원을 하는 천명적인 일을 맡게 되었어요. 저는 운명이라든가 숙명이라는 말을 잘 쓰지 않습니다. 운명은 자기가 만들면 되는 것이고 숙명은 태어날 때부터 딱 이거다 했을 때 못 말리는 거랍니다. 그래서 저는 천명으로서 이 일을 해 나아가는데, 대단히 어려웠어요. 요새 어른 아이 할 것 없이 예법을 모르는 시대가 되었습니다. 그러나 열심히 해나갈 것입니다. 그러는 사이에 예지원에서는 30만 명이라고 하는 수료생이 나왔습니다. 40년이 됐으니까요.

그러던 어느 날, 평생 존경해왔던 오재경 장관께서 제 사무실에 들르셨습니다. 그랬을 때 제가 너무 감격해가지고 "여기까지 오시면 제가 또 주눅 들려고 그래요." "주눅 들리면서 해봐." 그 말씀을 지금도 잊을 수 없습니다. 그런데 언젠가 편찮으시다는 소식을 듣고 오 장관님 병문안을 갔습니다. 그 때 그것이 아마 저하고 오 장관님하고 마주 한 마지막 순간이 되었지요. 그 때 하신 말씀이 저한텐 유언이 되었습니다. "그 예지원 예절을 더 잘 해야 우리나라가 잘 돼. 그 임무를 맡았으니 좀 더 잘 해봐." 이것이 아마 저에 대한 마지막 명령이시고 제가 마지막으로 들은 목소리였습니다. 그러고 나서 얼마 안 있다가 오재경 장관님은 돌아가셨어요. 그 얘기는 아마 김동길 박사님이 너무나 잘 아실 겁니다.

예절에 대한 것, 인성 교육에 대한 것 그리고 우리의 문화에 대한 것, 이러한 내용을 얘기 하셔서 오 장관님의 뜻을 받들어서 발기인 조직을 만들어서 이를 실천을 해야겠다는 생각으로 예지원에서 발기인 회의를 했습니다. 그러면 가신 오 장관님의 뜻이니까 제가 또 현재 이러한 교육을 하고 있으니까 열심히 더 해야겠구나 하는 생각이 들어요. 그래서 앞으로도 이러한 오재경 선생님의 뜻을 받들어서 많은 후원이 있으시기를 바라고, 저는 그 유지를 받들겠습니다. 여러분들과 함께 같은 마음으로 오재경 선생님을 존경하니까요.

글.구성 초안: 안지언 외

“한 식구처럼 평생을 지냈어요”

김경숙
혜성교회 권사

오재경 장관의 막내 여동생이 저를 좋아해서 ‘언니’ 라고 부르며 잘 따랐어요. 우리 집 바로 윗집이었는데 신재덕 여사가 제 피아노 선생님이셨어요. 그래서 한 식구같이 친하게 지냈어요. 오 장관님 돌아가시기 전까지도 교회 가면 장관님께서 옆에 저를 꼭 앉혔어요. 저를 그렇게 예뻐했었어요. 그래서 정말 많이 생각나는 분이시죠.

오 장관님은 엄청 다정다감한 분이셨어요. 저는 중학교 2학년 때부터 그 분 댁엘 드나들었는데 저를 업고 다닐 정도로 예뻐하셨어요. 같은 교회를 다녔어요. 저는 약학을 했고 교회에서 반주를 했고 현재도 노인 분들 예배할 때 반주를 도와주며 몇 십 년째 재능기부를 하고 있습니다. 새벽 예배 때 열심히 봉사하고 교회 열심히 다니는 권사입니다.

제일 생각나는 것은 오 재경 장로님 어머니께서 저를 참 예뻐했어요. 그 집엘 자주 찾아가 뵈었어요. 그리고 오 장관님 어머니께서는 저하고 이야기하길 즐기셨어요. 아들 며느리가 다들 바깥 일로 나가 있으니 제가 말벗을 자주 해드렸는데 참 좋아하셨어요. 그래서인지 오 장관님 집 안 사람들을 떠올리면 할머니 생각이 제일 많이 나요. 오 재경 장로님이 딱 어머니 닮았어요. 어머니가 예쁘게 생기셨어요. 요즘도 오 장관님이나 어머니나 다 살아 계신 것 같아요. 이번에 혜성교회 65주년 책자를 냈는데 박보희 권사님을 제가 모시고 가야했어요. 왜냐하면 살아 계신 분으로 일어나서 인사 하실 분이 박보희 여사님이시고 목사님의 손녀딸 이렇게 두 분이시더라고요. 다 돌아가시고... 오 장관님 아버님이 우리 교회 2대 목사님이셨어요. 오택환 목사님이요.

우리 교회하고 오 장로님하고의 관계는 자못 인연 깊지요. 그 분 아버지의 교회였고 이 분이 청소를 잘 하시는 분이라 언덕 위에 눈이 오면 그 언덕의 눈을 혼자서 다 치우시는 거예요. 신 선생님이 이대 음대 학장 하실 때 학교에 나가시면 오 장관님은 살림을 예쁘게 돌보아 주셨어요. 돌보와 주셨던 김춘옥 권사는 오 장관님의 조카와 결혼을 하셔서 잘 살다가 근년에 돌아 가셨고요. 그 인연의 고리들이 한 가족의 문중의 고리가 되었어요. 그러니까 남이 아니고 가족 같았어요. 15세부터 지금 제 나이가 76세이니 60년 가까이 되었어요.

오 장관님 돌아가시기 전까지 교회에서 매주 만나서 돌아가셨다는게 믿겨지지 않지요. 또 장례식 날 의정부에 비가 왔는데도 따라가서 마지막 가는 길까지 배웅하고 그랬어요. 안타깝고

애절하고 슬프죠. 그 분이 돌아 가셨다는 것이....

정이 많으셨고, 다정다감하셨고, 깔끔하셨고, 긍정적인 마인드로 주변을 즐겁게 해주셨고, 교회 오실 때도 외교관같이 말끔한 옷차림으로 90 넘어서까지 정갈하신 모습으로 나타나셨어요.

그 댁에 놀러 가면 너무 좋았지요. 가족적인 분위기가 많이 느껴졌어요. 오 장관님 막내 여동생은 이화여고 나오고 저는 경기여고를 나왔는데 아주 얌전한 언니였어요. 6.25전에는 무쇠로 된 목욕탕이 있었어요. 무쇠로 된 통에서 온 가족이 목욕을 하고 그랬지요. 어느 날은 그 언니가 오라고해서 무쇠 통에서 같이 목욕도 하고 그랬지요. 우리가 다 하고 나오면 식구들이 들어가서 하고 그랬어요. 그런 추억이 너무 좋아요. 지금 만나서 옛날 이야기하면서 깔깔 웃고는 하지요.

생신 때 불러주어 가면 한 식구처럼 스스럼없이 대해주시고 친정에 가 있는 것처럼 편안했지요. 피는 안 나누었지만 제일 가깝게 드나들 수 있었죠. 오 장관님 여동생한테 '언니, 언니' 하고요. 젊었을 때는 오 장관 집에서 크리스마스 때 팥죽 쑤어먹고 새벽 송도 돌았죠. 그 댁에서 그런 봉사를 많이 하셨어요.

신재덕 선생님은 교회에서 피아노 연주도 하셨어요. 오재경 장로님은 집으로 많은 사람을 초대해 즐겁게 해 주셨어요. 아래 사람을 대하는 모습도 얼마나 인자하셨는지, 지금도 오재경 장로님이 그리워요.

오 장관님 댁에 가면 장관님이 장식장에 장식품들을 예쁘게 정리 해놨던 것도 생각이 나고요. 마당을 참 예쁘게 꾸몄어요. 오 장관님 돌아가시기 몇 해 전에 가봤는데 그렇게 넓게 보였던 마당이 늙어서 가보니 넓게 보이지가 않았어요. 마당에 나무들이 너무나 자라가지고 좁아졌더라고요. 지금은 다 없어지고 빌라가 세워져 있습니다.

그 동네에 가면 그 옛날 오 장관님 생각이 아련해집니다.

내 인생의 멘토 오재경 장관님

김 규
서강대학교 명예교수

멘토란 라틴어로 스승이라는 뜻이다.

내 일생은 장관님의 멘토링이 좌우했다 해도 과언이 아니다.

그분과의 만남은 대학 졸업을 앞두고 이승만 정권의 공보실장으로 계실 때 면접을 통해 공보실에 취업하게 된 것이 계기가 되었다.

장관님이 제일먼저 지시하신 일은 방송법을 연구하라는 것이었다. 우리는 그때까지도 일본 방송법을 그대로 쓰고 있었다. 방송에 대해서 아는 것도 없었고 가르쳐줄 사람도 없었다.

우선 미국, 영국, 프랑스, 일본 방송법을 번역하기로 하였다. 그리고 방송문화연구소를 만들어 우리현실에 맞는 제도와 법을 연구하기로 하였다.

연구소가 어느정도 자리를 잡아가자 장관님은 경무대에서 대통령이 초대하는 외국 언론인들을 도우는 일을 하라는 것이었다. 나는 프로토콜에는 아무런 경험이 없었다.

이승만 대통령은 오랜 미국생활을 통해서 정치와 언론의 관계를 누구보다 잘 이해하고 스스로 실천하는 분이었다. 날씨가 좋을 때면 경복궁 뜰을 거닐던가 낚시를 하시면서 초대한 언론인과 담화를 하시거나 필요할 땐 집무실에서 직접 타이핑한 서신을 보내시는 분이었다.

그러던 어느날 미국의 짐 루케스 신디케이트 칼럼리스트를 안내하여 전방을 다녀오라는 지시를 받았다. 그는 언론계의 노벨상이라는 퓨리쳐상을 두 번이나 받은 대단한 친한파 논설가였다. 이 대통령과는 각별한 사이였으며 내 눈에는 부자처럼 보였다.

어느 겨울날 휴전선 근처에서 일어난 일은 내 인생에서 가장 잊혀지지 않는 사건이 되었다.

동부전선에서 짚차로 전방초소들을 둘러보고 속초 비행장으로 왔을 때 눈이 조금씩 내리고 있었다. 서울에서 비행금지 통보가 온 것을 모르고 일행은 L19를 타고 몇 개의 능선을 통과하고 있었다. 눈은 폭설로 변하더니 앞 유리창 와이퍼가 고장나서 순식간에 두꺼운 눈으로 덮였으며 비행이 불가능한 상황에 이르렀다. 위기관리에 뛰어난 루케스는 파일럿 박 대위에게 휘발유를 모두 빼버리고 불시착을 하자는 것이었다. 우리는 고개를 무릎에 파묻고 눈을 감고 “크래쉬 랜딩”에 대비하였다. 심한 충격과 함께 나는 정신을 잃었다. 깨어보니 머리에서 피가 흐르고 있었으며 루케스는 내 등을 어루만지고 있었다. 그 순간 제일 먼저 떠오른 것이 여기가 이북 땅이면 어떻게 하나하는 걱정이였다.

깨진 유리틈으로 들어오는 세찬 추위에 고통받는 루케스에게 내 코트를 입혀주고 나는 박 대위와 함께 어둠속에서 눈 덮인 산을 내려가 한참만에 외딴 농가를 찾아 이남 땅인 것을 확인하고 다시 돌아가 루케스를 데리고와 하룻밤을 지냈다. 루케스를 붙들고 눈덮인 산을 내려오면서 나는 사고 때 어깨에 골절상을 입었다는 것을 알게 되었다.

KNA 납치사건이 일어나 남북관계가 긴장된 때였다. 서울에서는 대통령, 국방부장관, 각 군 참모총장, 오 장관 등이 모여 이북 방송을 틀어놓고

납치나 사고를 걱정하며 밤을 새웠으며 전방에는 비상 수색명령이 내렸다고 한다. 다음날 여단장의 에스코트로 서울에 도착해보니 이 박사는 짐 루케스를 안고 안도의 숨을 쉬었으며 장관님은 나를 병원으로 데리고 갔다.

이 사건이 일어난 후에 장관님과 루케스와 나 사이는 각별한 관계가 된 것 같다.

루케스는 자기 때문에 젊은 사람이 희생이 되나보다 싶어 몹시 안타까워 했다는 말을 오장관을 통해 들었다.

그는 제니스사의 스테레오를 보내겠다고 하기에 내 하숙방에는 어울리지 않는다며 사양을 하였다. 그 후 오 장관님은 미국무성 장학금을, 루케스는 특별장학금을 마련하여 나를 시라큐스 대학원으로 유학을 떠나게 해주었다.

루케스는 기회가 있으면 자기 집으로 초대하였으며 미국에서

살고 싶으면 방송학 특히 텔레비전을 전공해보라는 조언도 해주었다.

1950년대 말에 시라큐스에는 한국 유학생이 없었으며 텔레비전 전공도 한국으로서는 거리가 먼 분야였다. 미국생활을 장관님에게 편지나 전화로 일일이 보고하였으며 장관님은 원한다면 루케스에게 부탁해 졸업후 직장을 구해보라는 말씀을 하셨다. 그때는 공보실장직을 떠난 후였다.

미국은 소위 텔레비전 정치(telecracy) 시대가 열린 때였다. TV는 케네디를 대통령으로 만들었으며 3대 네트워크는 황금기를 누렸고 에드워드 머로, 뉴톤 미노우, 월터 크롱카이트같은 TV계의 거물들이 출현한 시대였다. 루케스는 아이젠하워 대통령의 공보비서실장을 했던 제임스 해거티와 가까운 사이였으며 그때 해거티는 A.B.C 보도담당 사장이었다. 흔히들 아이젠하워 대통령은 매일 골프를 쳤으며 대통령 직무는 해거티가 대행한다는 말까지 나올 정도로 영향력이 큰 사람이었다.

졸업을 할 무렵 루케스가 해거티와 인터뷰를 주선하였다는 전화가 왔다.

뉴욕의 해거티 사무실에서 영어, 일어, 한자에 대한 간단한 테스트를 마친 후 보도매체에 대한 토론을 하자고 제의하기에 겁도 없이 아는 것을 털어놓았다. 해거티는 1년 동안 미국에서 보도생활을 실습하고 아시아 특파원으로 보낼 테니 한국, 일본, 대만 그리고 국교를 앞둔 중국을 커버하면 어떠냐는 제의를 했다.

물론 즉석에서 수락했다. 1년 동안 매주 1권씩 책을 읽고 자기와 독후감을 토론하는 것이 조건이었다.

여름 한철 유급휴가를 줄 테니 가을부터 출근하라는 특혜까지 베풀어 주었다.

센트럴파크를 거닐면서 세상이 내 것같다고 느꼈다 아파트도 얻고 결혼도 하고 취직을 보장 받았으니 더 바랄 것이 없었다.

그러던 어느날 밤중에 장관님이 전화를 하셨다. 박정희 의장이 그해말까지 텔레비전 방송국을 완성하라는 명령을 하셨으니 빨리 귀국하라는 것이었다.

1인당 개인 소득이 얼마인지도 모르는 어려운 나라에서 무슨 TV를 하냐고 거절하였더니 20만달러와 1억원이 준비되어 있다고 하셨다. 나는 TV 전문가도 없고 기술자도 없고 경험도 없으니 어떻게 방송을 하냐면서 완강히 거절하였다. 다음날 전화에서는 여권을 취소하겠다고 말씀하시며 화를 내셨다. 내 생전 처음으로 장관님의 말씀을 거역하고 하시려는 일에 반대한 사건이었다. 해거티와 루케스에게도 내게 귀국을 종용하라는 말씀을 하신 것 같았다.

미국생활을 포기하고 돌아와 남산의 TV 방송국 건설현장에 가보니 방송 국장인 육군 군악대대장과, 감독관인 육사생도대장이 마중하여 주었다.

장관님은 미안하다고 하시면서 남들이 못하는 어려운 일을 하고 나라와 국민을 위하는 것이 얼마나 좋은 일이냐고 격려를 하셨다.

방송국 건설현장에 야전 침대를 두고, 최소한의 방송기재를 R.C.A사에서 수입을 하고, 프로듀서, 드렉터, 리포터 후보생들을 뽑아 부산 여관방에서 일본 TV를 보며 공부를 시켰다. 일본에서 수상기 3천대를 구입하여 사람이 많은 곳에 설치하고 프로그램을 개발하여 6개월 후에 전파를 발사하겠다는 모험을 시작한 것이었다.

그해 12월 31일 난방시설이 없어 장작불을 피워놓고 최초의 전파를 송출하였다. 박정희 의장, 김종필 부장까지 모두 오셔서 기뻐하시는 것을 보고 오 장관님은 만족하셨으며 나는 지금부터가 문제구나하는 생각을 하였다.

오 장관님의 일에 대한 열성을 당해낼 사람이 없었다.

자기 인생의 좌우명에 취미도 없고 휴식도 없고, 일이 내 전부라고 써놓은 것이 있다. 그리고 최고가 못되어도 최선을 다해야 한다는 말도 있다.

KBS TV는 이것을 실천한 대표적인 프로젝트였다. 스튜디오 하나와 카메라 3대 창문에는 가마니를 치고 마루에는 콘크리트를 깔고 셋트제작소리 고함소리로 대사전달이 않되는 방송을 하면서 나는 이것은 TV 방송국이 아니라고 혼자 중얼거렸던 기억이 난다.

장관님은 기독교신앙과 애국심 그리고 국가발전에 헌신하겠다고 굳게 결심한 분이었다. 생활은 일하는 것이 전부였으며 하면 된다는 굳은 신념과 주위 사람들까지 끌고 가는 인력 같은 것이 있었다.

원각사 보건사업을 계획하였으나 자금을 못 구해 고민하시는 것을 곁에서 본 나는 어느날 제가 아는 재력가를 설득해 보시라고 조언을 하였다. 그리고 그전에 그분의 성품, 기호, 취미 심지어는 좋아하는 음식까지 알아내셔서 세심한 준비를 하시라고 말씀드렸다. 열심히 준비하여 놀라운 설득력을 발휘하는 것을 보고 나는 감탄을 금하지 못하였다.

두 분은 서로 뜻이 맞아 깊은 공감대를 형성하였다. 그분의 재정적 도움으로 원각사는 완성되었다.

그러나 일을 많이 하다 보니 때로는 오해도 받고 속상하는 일도 있었다. 다정다감한 성격이라 억울한 일을 당하면 어머니 산소에 가서 잡초를 뽑았다. 언제나 단정하고 흐트러짐이 없었으며 술, 담배를 안하시고 세심하고 자상한 분이었다.

손을 자주 씻으셨으며 여름철에는 와이셔츠를 두 번 갈아입는 분이셨다.

가끔 우리집에 오시면 손수 가구를 재배치하기도 하였다. 한 번은 너무 취미가 없으신 것 같아 골프를 배워 보시라고 골프장에 모셨더니 잡초 뜯기에 열중하시기에 포기한 일이 있었다. 그는 자기를 잡초 뽑는 인생을 사는 사람이라고 말한 적이 있었다. 물론 나도 비행기 사고 때 입은 어깨의 골절상으로 골프에 열중하지는 못했다.

어떤 때는 월급도 나눠주시고 정초에는 손수 떡국을 떠 주시는 일도 있었다. 유머의 감각도 풍부하여 번쩍이는 기지와 재치가 넘치셨다.

말년에 휠체어를 타시는 생활을 하시면서도 조금도 흐트러짐이 없었으며 늘 단정하고 스마트한 신사의 품성을 유지하였다.

장관님은 저에게 일생을 통한 멘토였다. 중년까지 거의 모든 일을 장관님의 지도에 따랐다.

KBS를 떠나 동양 TV를 만들고 국가방송제도 연구위원회를 운영하고 방송위워회 일을 할 때도 중요한 것은 장관님에게 상의를 하였다. 그리고 대학생활에서도 방송학회를 창립하고 서강대 영상대학원을 설립하고 미디어 센터를 만들 때도 장관님의 조언을 받았다.

임종을 하시기 전에 잡아보았던 그 손의 감촉은 잊을수가 없다.

세익스피어는 죽음이란 영원히 잠자는 것이며 우리가 죽음을 두려워 하는 것은 영원한 잠속에서 악몽을 꿀까봐 걱정하기 때문이라고 하였다.

장관님은 일생을 통해 국가와 사회를 위해 훌륭한 봉사만 하셨으니 좋은 꿈만 꾸시리라 믿는다.

베풀어주신 멘토링에 깊이 감사드리며...

무에서 유를 창조하신 오재경 장관님

김기호
전 문화공보부 총무과장

오재경 장관님에 관한 특별한 에피소드 기억나는 것 있으시면 소개해주세요.

오 장관님이 깔끔하시고 청소를 잘 하시고 어디 가면 가장 먼저 청소하시고 그런 분인데, 이건 문화공보부에 오시기 전 국무원 사무국 이사관으로 가셨을 때 얘기입니다.

그 당시 시대적인 배경을 전제로 해야 이해가 됩니다. 그 시절 정부 부서의 책상을 모두 국무원 사무국에서 관리 했어요. 국무원 사무국 뒤에 창고가 있었어요. 그런데 하루는 이승만 박사가 일요일에 산책 나오셨다가 지나는 길에 웬 창고가 보이니까, 저게 뭐요? 하며 궁금해 하신 거예요. 국무원 사무국의 창고입니다 했더니 거기 가 보세 하셔서 문을 열어보니까 책상과 걸상과 일본 총독부 시대에 쓰던 물건들이에요. 그런데 이건 찌그러진 거, 다리가 부러진 거, 못쓸 건 못 쓸 것대로 쓸 수 있을 건 쓸 거대로, 책상 하고 걸상 하고, 그 옆에다 어디 무슨 부처 소속 등 등 쫙 이렇게 붙여놓고, 대장(臺帳)에는 어느 부처의 책상이 몇 개 몇 개 등 정돈이 되어 있는 것을 이승만 박사가 보셨어요. 이 박사는 바로 월요일 날 문봉제 사무국장을 경무대로 부르셨어요. 옛날엔 청와대를 경무대라고 했거든요. 아무것도 모르는 이 양반은 "내가 뭐 큰 잘못이 있나" 하며 갔더니, 이 박사께서 "아 국무원 사무국에서 일 잘 하고 있어, 물자를 우리가 깨끗이 아껴야 돼. 그 창고를 봤더니 말이야, 쓸 거 못 쓸 거 잘 구분을 하고 지출을 아주 명확하게 조사해서 정돈을 잘 했어요" 하신 거예요. 문봉제 그 양반은 정치활동만 한 분이지 사무적인 분이 아니고 그런 분인데... 칭찬받고 와서는 오재경 장관 덕에 이 박사님께 칭찬받았다고 하셨어요. 그게 무슨 소리인가 하니, 오재경 장관이 국무원 사무국에 와서 쭉 돌아봤더니 그 창고가 엉망이라 그걸 다 정리하신 거예요, 깔끔도 하시지. 그 땐 물자가 귀할 때잖아요. 그렇게 폐물 창고를 정리하는 바람에 이승만 대통령한테 칭찬받는... 오 장관님의 성격이 깔끔하다보니까 그런 에피소드가 생생하지요.

다른 얘기도 있겠네요?

난 실무자로서 오 장관님 밑에서 일을 했기 때문에 실무적인 것은 제가 잘 알죠. 내가 오 장관님한테 느끼는 것은 그 시대는 전쟁이 끝나고, 56년대는 휴전 된지 3년 되어 가지고 서울 시내는 폐허가 돼서 채 복구 안 된 채 엉망진창인 때예요. 정부의 스타일은 옛날의 조선총독부에서 내려오던 행정 그대로 해가지고 미농지에다가 먹지대고 골(骨)펜으로 글씨 쓰는 식으로 할 때인데, 내 책상에는 조선총독부라는 게 찍혀있는 그대로 있은 때에요. 그런데 오 장관님이 와가지고 며칠 됐는데 아주 놀란 것은 각 과의 실내를 보시더니 책상들 배치를 전부 요렇게 바꿔 이렇게 바꿔 하시는 거예요. 각 과에 과장 한명 사무관 하나 둘, 주사 하나 둘 이렇게 있는데 위에는 과장, 그 앞에는 계장 그 앞에는 주사 그 밑에는 서기, 이렇게 초등학교 모양으로 상대방 뒤를 바라보고 쭉 있었거든요. 그런데 오 장관님이 보더니 이 책상들을, 이렇게 두 줄로 있는 것을, 전부다 이렇게 횡으로 했어요. 무슨 소린가 하니 그 전에는 과장 이하 급사까지가 서로의 등을 보며 종으로 차려하는 식으로 모든 게 되어 있었는데, 이 양반이 오시더니 책상들을 이렇게 다 돌려놨어요. 그러니까 뭐냐면 요새 정부에서 하는 식으로… 이쪽 사람하고 저쪽 사람하고 서로 얼굴을 맞대놓고, 계장하고 주사하고 이렇게 하면 옆에서 서로 대화도 되고 좋잖아요. 그게 실무자로 볼 때는 행정 처리에 굉장히 능률적이었어요. 오재경 장관님은 굉장히 효율적이고 민주적이셨어요.

그렇군요, 능률이 오를 수 있는 배치에다가 민주적이기까지 하셨네요.

내가 또 느낀 건 오 장관님이 오셔서 일주일 안에 공보실 전 직원, 말단의 청소부까지 이름을 쫙 외는 거였어요. 출근하느라고 아침에 오는데 까만 세단차가 오더니, "미스터 김"하고 불러요. 이렇게 보니까 장관님께서, '출근해? 출근하는 길이지? 타, 같이 가.' '아 괜찮습니다.' '아 타라고.' 그래서 말단 주사인 공무원 초년생이 장관님 차를 같이 타고 출근했습니다. 나는 그때 과장 이름하고 계장 이름하고 그거 밖에 모르고 딴 국장 이름도 모를 때인데, 오 장관님은 오자마자 직원들 이름을 '미스터 김, 미스터 리.' 다 아시니까, 직원들은 깜짝 놀라고, 그리고 직원이 이렇게 가면 딱 불러가지고 같이 출근하고, 그것이 오 장관님 성격이시지요.

그리고 또 하나 이런 얘기도 있어요. 비서실에 그 때 비서관으로 박보양이라고 하는 사람이 있었어요. 그 사람은 중국 상하이에서 있다 온 분인데 중앙청 뒤 적선동에 삼계탕 집을 개업했었어요. 그러니까 국장 회의 하다가 점심때가 되면 '아 우리 박보양이 삼계탕 집 하는데 거기 가서 먹지' 이왕이면. 했는데 이게 착각이었어요. 우리 직원들도 다 박보양 비서가 삼계탕 집을 한다니까 '우리 이왕이면 거기 팔아주자' 하고서는 직원들이 가서 밥 먹던 터인데 몇 번 가보니까 오 장관님이 국장들을 데리고 늘 온단 말이에요. 인사하다 보니까 아래 말단 직원들이, 아 저 장관님이 국장님하고 오니까 좀 곤란하다고 다 피했어요. 오 장관님은 그 직원을 아니까 이왕이면 팔아주자 한 건데 알고 보면 역효과가 났어요. 우리 직원들이 밥 먹는데 높은 분이 오니까 다 피한 거거든요.

제가 볼 때, 오 장관님은 무에서 유를 창출한 분이세요. 코리아하우스라던가. 한국의집이 뭐냐 하면 조선총독부의 정무총감 관저자리에 지어진 거예요. 정무총감하면 요새 국무총리 격이에요. 그런 일본 사람 집이었는데 그걸 갖다가 그 자리에 한국의집이라고 하는 코리아하우스를 세운 거예요. 왜 만들었냐면 그 때 전후 3년 된 때, 미군이 그대로 있고 한국 사람들을 도와주기위해 유엔 산하에 각종 기구에서 원조하는 외국 사람들이 많이 왔는데 한국에 와서 일하다 토요일만 되면 갈 데가 없고 폐허뿐이니까 전부 다 비행기 타고 일본으로 갔거든요. 그리고 한국 문화라는 것은 그저 빵조각에나 손 벌리는 아주 가난한 나라 정도로. 근데 진짜 한국 문화, 전통문화는 그게 아니거든요. 그러니까 오 장관이 그때 이승만 대통령에게 말씀드려서 '정무 총감 집 자리 저 주시오!' '그 뭐 할려고?' '코리아하우스 만들어 외국 사람들에게 한국을 알리려고요.' '아, 좋지.' 그렇게 돼서 그 적산 가옥을. 그런데 예산이 없어요. 그 땐 정부에 예산도 없는데.. 그걸 전부다 한옥으로 만들었는데. 한국의 전통적인 집들. 그래서 집모양도 한국의 전통가옥으로 만들고 음식도 한국음식, 그렇게 하고 거기에다 국악을 연주하게 하고. 그러니까 미국 사람들, 외국 사람들이 와 가지고, 거기에다가 당구대도 만들고 외국 사람들 취향에 맞게 휴게 시설을 만들었거든요. 그러니까 그 사람들이 일본 안가요. 그러면서 한국문화를 자동적으로 접하게 된 거죠. 그런데 그게 국가 예산 없이 그걸 만드는데 목재가 없잖아요. 미국 원조단

이 있었어요. 부흥 원조단. 거기다가 얘기해 가지고 미군 목재를 다 실어다가 다 만들고. 그 코리아 하우스를 돈 없이 그렇게 만들었다는 거. 참 그런 건 오재경 장관님만의 아이디어죠.

중앙공보관도, 그 때는 PR이라는 말도 모를 때인데, 이 양반이 공보관 만드는데, 일본 사람들이 있던 여자청년기독교회관 자리에다가요. 그걸 맡아가지고 수리해 가지고선 전시실 음악실 도서실 뭐 이런 것들 문화시설을 많이 만들고, 한국의 화가들이 그림을 그리면 전시할 데가 없어 전시실을 만들어주니까 화가들이 전시실에 오고 이랬잖아요. 그리고 음악실 만들고 거기서 서울의 문화예술인들의 휴게 장소가 되고 문화 교류의 장을 만들어 준 거죠. 그것도 국가 예산이 없는데 놔둔 일본 건물을 수리해서 이렇게 만들었다는 거. 무에서 유를 창조했다는 거. 그분의 기가 막힌 아이디어였죠. 그리고 내가 보도과에 있을 때 프레스센터를, 지금의 프레스센터를 서울신문사 앞마당에 만들자 하는 아이디어도 이 양반이 처음. 이름도 '프레스센터'로 붙이고 처음 시작한 거예요. 프레스 센터가 뭐인지 우리 실무자들도 모를 때에요. 그리고 또 하나 기가 막힌 건 방송 분야인데. 내가 방송 관리과장도 하고 했기 때문에 방송 분야는 잘 아는 거예요.

우리나라 방송국이 6.25때 반은 다 폐허가 되었거든요. 그러니까 전쟁 후에 와보니까 원래 방송국 자리는 없어지고 그 밑에 수신요금 걷던 그 자리, 그거 가지고 있었거든요. 그러니까 남산에다가 방송국을 만들었어요. 크게. 그 남산 KBS 오재경 장관님

공보실장 때에 방송국을 남산에 옮겼다고요. 그거 하나 그렇고 또 하나는 텔레비전 방송을 처음 시작했다는 거. 근데 이 양반이 그 방송국 만드는데 국가 예산 하나도 없을 때에요. 5.16 혁명 후 공보부 장관 됐을 때에 일본도 텔레비전 생겨서 3년 됐는데, 우리도 이제 텔레비전 시대에 텔레비전 해야겠다고. 그런데 예산이 없다고 해요.

그러면 텔레비전을 처음 보급시키신 분이 오재경 장관님이세요?

예산이 없다고 그러는데 김종필 씨가 그 때 중앙정보부 부장인데, 주인 없는 돈이 하나 있다고. 한국은행의 지하실에 가 봤는데 거기 달러 뭉치가.. 한국은행에서 보유하고 있는데 그 돈 갖다가 방송 만들라. 그래서 두 달 동안에 텔레비전 방송을 만들었어요. 그러니까 그 당시에는 나라에 돈이 없는데 보통 각 부처에는 예산 범위 내에서 집행하는 옛날식 스타일인데 이 분은 돈 없이도 사방에서 벌려서 문화시설을 만들어 놓으니까. 정부에서는 그 시설에 대한 예산이 편성되고 그러니까 새로운 걸 자꾸자꾸 만들었지요. 다시 간단히 말씀드리면 이분이 문화 예술가는 아니지만 우리나라의 문화 예술이 발전될 수 있는 토대를 앞서서 만든 분이에요. 그 토대를 만들었기 때문에 오늘에 그게 다 움직이게 된 것 이예요. 코리아하우스, 한국의집, 만들어가지고 한국의 유명한 화가들 서예가들 다 초대 해가지고선 '코리아하우스에선 한식 음식을 이렇게 하는 겁니다.'하면서 이 자리에서 먹하고 붓하고 화선지에다 그림을 그릴 수 있게 해 주셨어요. 그렇게 해서 코리아 하우스 방마다 한국의 대표적인 10대 작가의 걸작품들로 장치했던 것입니다. 그래서 코리아하우스는 한국의 아름다운 전통문화를 소개하는 전당으로서 명성을 얻었던 것이지요. 그 때 살아있을 때니까. 그걸 전부다 그분들이 다 공짜로 그린 거예요.

그리고 국악도. 이 분이 하여튼 음악, 예술적인 거에 대해서 굉장히. 본인은 경제학을 했지만은 생각은 문화 예술적인 분이예요. 방송국에 그 때 와서 제일 먼저 한 게 뭐냐면 우리나라의 문화재 국창들, 음악 하는 사람들, 그 유명한 인간문화재인 사람들은 사람이 죽어 없어지면 없잖아요. 노래가. 그러니까 전부다 음악계를 시켜서 그 분들을 불러서 전부 라이브를 하라고 해서 전부다 녹음시켜서 그거 만든 거. 그게 오늘날 옛날 사람들의 노래, 소리가 보전되는 역할을 한 겁니다. 그 분은 담당 직원들도 생각을 하지 못한 걸 하셨어요.

생각이 늘 앞서가시는 분이었군요.

뭐 한 발짝이 아니라 몇 발짝 앞서 가는데 그 바람에 직원들은 녹아났지요. 따라 가려는 데 그 양반은 또 '이거 다음 주 까지 완료해' 하니까. 거기에 쫓아가려 하면 다 잘 해야 하는데 거기에 쫓아가지 못한 직원은 뭐야 그랬지만, 직원들 중에 오 장관을 아주 훌륭하다고 쫓아가는 사람이 있는가 하면 오 장관님을 비판하는 사람도 있었죠. 오 장관님이 하여튼 앞서서 그러니까.

그리고 이건 공보부하고 다른 얘긴데 오 장관님 말씀이, 지금 신라호텔 있잖아요. 그게 영빈관 자리에요. 영빈관. 영빈관이 뭐인고 하니 외국의 귀빈이 오면 나라에서 모시는 숙소인데, 이 박사 께서 월남 가셔서 그 나라 영빈관에서 묵으셨는데, 한국에 외국 손님 오면, 외국의 대통령이건 누구건 반도호텔이나 조선호텔 그 두 호텔 밖에 모실 데가 없는데, 그래서 이 박사한테 가서 신라호텔 자리에 영빈관을 만듭시다하셨어요. 그걸 아셔야 해요. 영빈관 자리가 뭐냐면 박문사 자리에요. 박문사 자리가 뭐냐면 한국의 안중근 의사가 척결한 이토히로부미(이등박문)를 모시는 신사였어요. 그걸 없애고, 거기다 영빈관 만듭시다 그래서 그걸 신두영씨하고 같이 애써 영빈관을 만들었는데 그렇게 굉장히 앞서서 그런 일들 했다는 겁니다.

하여튼 내가 볼 때에 역사 속의 오 장관님 자취라는 것은 그런 의미에서 문화 예술의 발판이 되는 시설과 제도와 모든 것을, 새로운 것 전부 다 만들었다는 겁니다. 그리고 해외 공보관 문화관 다 있는데, 동경공보관과 중앙공보관 지방공보관 등 오 장관님이 공보관이라는 것을 다 만들었거든요. 그게 자꾸 새끼 쳐서 요새는 전 세계에 문화관과 공보관이 있잖아요. 요새같이 잘 살 때 하는 것은 뭐 평범하게 생각하겠지만 그 때는 월급, 직원들 월봉이 몇 푼이 안 되가지고요 현금대신 쌀 배급을 해줬을 때였어요.

월급 대신 쌀을 줬다고요?

그만큼 미국의 원조 물자는 들어오고 밀가루와 쌀은 들어오는데. 그 때 십 원인가? 이십 원인가? 뭐 우리 월급도 그렇게 됐는데 그게 한 달 월급이 반 달 먹기가 힘들었어요. 대신에 쌀 한 가마씩 줄 때. 그러한 정도로 가난한 우리의 경제 사정이었어요. 그걸 염두에 두고 그러한 처지에 벌써 문화시설 그리고 문화적인 것을 만들 생각을 했다는 거, 앞으로 국가가 발전하면 더욱 필요한 것들을 구상하고 그 생각을 실천에 옮긴 것, 그거는 보통 분들이 할 수 없는 걸 했어요. 무에서 유를 창조하신 분이 오재경 장관님이시지요.

정리: 안지언

오재경 전 RI 이사

一周忌에 부쳐…

金德俊 構書
3660지구 새부산RC 명예회원

죽포 오재경 전이사가 우리 곁을 떠난 지 벌써 1주기가 되었습니다. 2012년 6월 30일 노환(94세)으로 별세하여 1주기를 맞아 오는 6월 27일 추도식을 갖습니다. 추도식은 오재경 전이사님의 가족들과 지인들이 모여 조촐한 예배를 보면서 추모합니다.

평소 그를 존경하고 사모하는 지인들은 죽포 오재경 선생, 오재경 전이사, 오재경 전총재, 선배님 칭호를 부르며 그리워하는 자리를 마련했습니다. 한 평생 로타리 속에서 살다 떠나갔지만 그의 목소리와 그가 남긴 글은 우리들 가슴에 남아있습니다. 항상 그 곳, 그 자리에, 그 행사장에서 뵐 것 같은 오재경 전이사님! 부산에서 그를 기리는 松江(송강) 김덕준 명예회원의 추모 글을 게재합니다.

竹圃 吳在璟 摠裁 追慕詩

“부디 한국로타리 역사의 神이 되옵소서.”
신불(神佛)의 가호(加護)가 있기를
일념통천(一念通天)으로 기원(祈願)해 봅니다.

慕賢竹翁週忌迎(모현죽옹주기영)
老少同志心痛悲(노소동지심통비)
모현하는 죽포선생 1주기를 맞이하니
노소의 동지님들 마음아파 슬퍼지네

一生道德修身士(일생도덕수신사)
師宗駕鶴樂天之(사종가학락천지)
평생을 도덕으로 몸을 닦은 선비인지라
선생님은 학을 타고 극락천을 가셨도다

竹山疊疊作雄城(죽산첩첩작웅성)
樞星一瞬落漢滅(추성일순낙한멸)
첩첩 죽포 산에 큰 성을 이루어 놓고
한 녘 성의 큰 별이 한 순간에 사라지니

天慟地悲淚忽巾(천통지비누홀건)
死後芳名百世熙(사후방명백세희)

하늘땅도 슬픈지라 수건에 눈물이 흥건 했지
사후에 좋은 명성 백세에 밝으리라.

비범(非凡)한 인품과 대범한 덕(德)을 지니셨던 竹圃 吳在璟 전이사님이 유명(幽明)을 달리 하신지 벌써 일 년이 다가왔습니다. 지금 이 순간에도 자애(慈愛)로운 성품으로 우리들 옆에서 무엇인가 깨우쳐 주고 계시는 것만 같으니…… 세월이 유수(流水)와 같다는 사실을 재삼 실감하게 됩니다.

선생님은 이 땅에 태어나서 오랫동안 로타리에 몸 담아 많은 업적을 남기고 특히 米壽年(88세)에 〈로타리, 나의 보람〉을 간행했습니다. 그 간행 작업에 미력하나마, 본인도 죽포문집(竹圃文集) 간행위원회의 한사람으로 참여한 바 있습니다. 그때 저는 선생님의 로타리 활동을 뒤돌아보면서 정말 로타리를 사랑한 행적이 이루 말로써 다 할수 없음을 깨달았습니다.

竹圃 선생께서는 1979년 서울 · 亞細亞 로타리 대회를 기점으로 1989년 서울 국제대회를 개최하기까지 10년 동안 온 정성을 쏟은 로타리 활동이 자신에게는 곧, 다시 없는 당신의 생애가 되게 한 것이라고 했습니다.

제가 보기에는 선생님은 로타리를 위해 태어나신, 환언(換言)하면 로타리를 신앙으로 생각하시는 분으로 보이기도 했습니다. 일찍이 총재님은 〈한국로타리 50年史〉도 펴냈고, 韓日 친선회의를 네 차례나 뒷받침함으로서 대회 때마다 행사가 찬란하게 빛을 보게 되었습니다.

그리고 자신이 평생을 살아온 정든 집에 불이 나 벌거숭이가 된 후 깨달은 것은 "사람이 목숨을 거둘 때, 가지고 갈 수 있는 것은 가진 재물이 아니라, 임이 남에게 나누어 준 착한 마음씨임을 알게 되었다."라고 했습니다.

죽포 총재님은 살아계시는 날까지 로타리 활동에 많은 시간을 할애했습니다. 특히 일본과 미국을 비롯해 세계 각국과 국내 지구대회에 RI 회장대리로 참가해 종횡무진 활동하면서 더불어 한국로타리도 눈부신 발전이 있었다는 것을 우리들은 눈 익혀 보아왔습니다. 또한 총재님은 "고생 뒤에 낙이 온다."는 격언보다는 고생, 그 자체가 즐거움이 된 삶을 살아오신 철인(哲人)이셨다고 본인은 감히 말하고 싶습니다.

竹圃 총재님은 "언제나 삶에는 원칙을 기조(基調)로 삼고, 순리(順理)대로…… 그러하였기에 남보다 힘겹게 살 수 밖에 없었다."고 술회했습니다. 우리들에게 행사장이나 식사 자리나, 차를 나누는 자리나 모든 자리에서 반듯한 품격을 가르쳐 주신 총재님은 평생 "누구를 위해서 일했다"라기보다는 "누구와 함께 더불어 일한 것"을 진정(眞正) 락(樂)으로 삼았습니다. 사무사(思無邪)한 정신과 능력으로 아낌없이 맡은 바 임무에 충실하였으며, 특히 로타리 발전에 헌신적으로 최선을 다한 큰 어른이라고 본인은 느끼고 확신하면서 죽포 총재님의 一周忌를 맞아 추모의 글을 올리는 바입니다. 竹圃 총재님! 우리는 진정 그립습니다.

르네상스 맨 오재경 선생

김동길
태평양시대위원회 고문

내가 아는 오 선생님은 완벽주의자시다. 평소 오 선생의 정신 가운데 하나를 꼽자면 '철저하자'를 둘 수 있겠다. 선생은 무슨 일이든 완벽해야만 했다. 특히 시간문제에 있어서는 더 그랬다. 오 선생은 언제나 시간을 지키고, 모임역시 정확히 제 시간을 지켜 순서를 진행했다. 오 선생님에게 '코리아 타임'은 없었다. 그렇게 정확하게 인생을 산 분이 바로 오 선생이다. 지금도 우리는 오 선생의 정신을 받들어 시간을 지키려 노력한다.

인생을 정확하게 이끌어가는 것. 그건 오 선생의 장점이자 힘이다. 오 선생을 르네상스(Renaissance) 시대의 다각적인 인물로 이야기할 수 있을 것 같다. 르네상스 시대의 이상적인 인물은 다각적인 인물이었다. 어느 한 분야만 잘하는 것이 아니라 다방면으로 여러 가지 소양을 갖춘 사람을 르네상스시대의 이상적인 인물로 여기는데, 바로 오 선생이 그런 사람이다. 그 이상적인 인물을 영어로 표현하면 웰 라운디드 맨(well-rounded man)쯤이 될 것 같다. 말 그대로 천재라는 말이 더 맞을 것같다.

토마스 에디슨은 천재를 1%의 영감과 99%의 노력으로 되는 것(Genius is one percent inspiration and ninety nine percent perspiration) 이라고 했다. 하지만 난 그렇게 생각하지 않는다. 오 선생을 보면 천재성은 타고난 것이라는 생각이 든다. 그냥 노력한다고 해서 되는 게 아니라는 사실을 오 선생을 보면서 느꼈다. 재능이 없는 사람을 죽도록 공부시켜서 법관을 시키고, 의사를 만든다 해서 그 분야에서 두각을 나타내지 못한다. 적어도 그 분야에 재능을 가진 사람을 공부시켜야 천재도 나오고 오재경 선생 같은 사람도 나오는 것이다.

대구에 강연을 갈 때마다 나는 달성공원을 찾는다. 달성공원 입구에는 그곳 출신인 한 재일동포가 기증한 동물원이 있다. 공원 안으로 들어가면 한 시비(詩碑)가 있는데, 그 시비는 바로 '빼앗긴 들에도 봄은 오는가'의 주인공 이상화를 기념해 만든 시비다. 이상화는 일제시대의 인물로 매우 애국적인 시인이었다. 그는 일제치하에서의 답답한 심정을 '빼앗긴 들에도 봄은 오는가'라며 읊었는데, 그 달성공원 안 시비에는 천재적인 그의 시가 남아 있다. '마돈나 밤이 주는 꿈, 우리가 얽는 꿈, 사람이 안고 궁그는 목숨의 꿈이 다르지 않으니, 아, 어린애 가슴처럼 세월 모르는 나의 침실로 가자, 아름답고 오랜 거기로.' 그 시는 바로 '나의 침실로'라는 시인데, 이상화가 열여덟인가 열아홉에 쓴 시이다. 정말 그의 천재성이 드러나 있는 아름다운 시이기도 하다. 시인에게 천재성이 없다면 이 시는 나오지 않았을 것이다.

오재경 선생 역시 타고난 천재성으로 다각적으로 두각을 나타냈다. 그런 오재경 선생은 참 자유로운 교육을 받은 분이다. 아마도 그의 천재성과 자유로움은 거기서 기인하는 지도 모른다. 요즘 아이들처럼 공부에만 짓눌려 꽃이 피는지, 계절이 가는지도 모른 채 그렇게 도서관에서 공부만 하며 생을 억압당하며 성장한 것이 아니라 선생은 충분히 세상과 교감하며 그렇게 성장했다. 게다가 선생은 가정에서 기독교적 가치로 양육되었다.

선생은 평소 자기 자랑을 하지 않았다. 때문에 나는 오 선생의 아버님이 목사님인건 알았지만 그 밖의 것은 일절 몰랐다. 나중에야 선생의 아버님이 국회의원이었고, 또 6.25때 납북되었다는 사실을 알았다. 그러니 그 천재성이 더 잘 발현될 수밖에. 그런 선생은 릿교(rikkyo) 대학을 나왔다. 어머니는 권사님이었다. 그래서 그런지 선생에게서는 기독교적 자유가 느껴졌다. 영혼도 자유로웠고, 타인에 대한 사랑도 있었다. 마틴 루터(Martin Luther)는 '기독자의 자유'라는 팜플렛(pamphlet)을 썼다. 기독자의 자유. 기독자는 누구에게도 굽히지 않는 선을 가진 그런 군주다. 동시에 만인을 섬겨야 하는 종이다. 그 두 가지를 시작한 것이 마틴 루터이다. 헌데 마틴 루터가 말하는 그 기독자의 자유가 선생에게도 있었다. 그것은 기독교적 가정에서 자랐기 때문인 것으로 짐작된다.

사실 선생은 퍽 이른 나이에 출세라는 것을 했다. 하지만 그는 사람들 위에 군림하지 않았고, 오히려 그들을 섬겼다. 선생의 삶이 그랬다. 대학을 졸업하고 한국에 나와서는 박흥식 사장의 비서를 했는데, 이때부터 본격적으로 그의 천재성이 발휘되었다. 다시 말해 선생은 모든 것을 빨리 익히고 습득해 사람들의 눈에 들었다. 스물일곱 살에 보건후생부의 보건후생시설국장을 할 정도로 출세가 빨랐다. 그 뒤로도 선생의 출세는 탄탄대로를 달렸다. 하지만 선생은 모든 것을 섬기는 자세로 일을 했다. 사람을 위해 자신을 헌신하는 삶을 사신 것이다. 모든 요직을 두루 거친 탓에 우리 근현대사에 있어서 오재경 선생의 이름은 절대 빠지지 않는다. 웬만한 거물들의 이름은 선생과 함께 거론이 될 정도이니, 얼마나 그의 삶이 대단했는지 알만하다. 서른에 감찰위원장이신 정인보 선생 밑에서 청모과장으로 일을 했고, 서른두 살에는 조병옥 내무부 장관 밑에서 총무과장을 지냈으니 더 이상 설명이 필요 없다. 젊은 나이에 총리서리의 비서관, 문교부 장관의 보조관은 물론 일찌감치 이사관까지 되었으니 그 능력이 출중하지 않으면 절대 할 수 없는 일이다.

하지만 선생은 개인적인 치부나 욕심을 부리지 않은 분으로도 유명했다. 누구든 높은 자리에 앉으면 저절로 치부의 유혹을 받게 마련이지만 선생은 그러지 않았다. 청렴결백은 기본이고, 오로지 섬기는 자세로 공직생활을 이어나갔다. 다시 말해 퍼블릭(public) 서번트(servant), 공직의 머슴이나 심부름꾼 자세로 일을 했던 것이다.

우리 주변에서 볼 수 있는 것들 가운데 오 선생이 관여한 일이 많다. '코리아 하우스'나 '영빈관'도 그 중 하나다. 헌데 사람들은 그걸 알지 못한다. '코리아 하우스'를 만들 때 오 선생은 처음부터 끝까지 일일이 간섭하고 참여했다. 심지어 거기에 둘 작품이나 그림조차도 오 선생이 모으고 기증하고 했다. 청전 선생의 두 폭 짜리 병풍도 선생이 만들어 기증했다. 그 당시에는 청전 선생하면 누구나 다 아는 유명한 화가였다. 헌데 나중에 일이 있어 오 선생이 잠깐 그 두 폭 짜리 병풍을 빌리려했다가 거절당한 일이 있었다. 그때 오 선생은 무척 서운해 했다. 하지만 이내 오 선생은 마음을 돌렸다. 자신이 기증한 작품이라 해서 더 이상 자신의 것이 아니고, 또 자신의 임의대로 할 수 있는 것이 아님을 알았던 것이다.

선생은 예술분야에도 관심이 많았다. 화가나 문인들이 생활할 수 있도록 여러 방면으로 도왔고, 그들이 활동할 수 있는 길을 만들어주기도 했다. 그것은 예술에 대한 관심 없이는 할 수 없는 일이었다. 그렇게 오 선생은 타고난 예술적 감각은 물론 미적감수성도 지닌 분이었다.

그래서인지 선생은 보통사람과는 다르게 옷을 하나 해 입어도 멋스러웠다. 아주 핸섬한 사람이 바로 오 선생이다. 일하느라고 옷을 허술하게 입거나 함부로 입지도 않았다. 오 선생을 보면 옛날 오산학교 교장이던 이승훈이란 분이 떠오른다. 남강 이승훈 선생은 참 옷을 잘 입고 다니셨다. 왜 그렇게 옷에 신경을 쓰냐고 묻자 선생은 그랬다. 얼굴도 못 생겼는데, 옷까지 허름하게 입고 다니면 일본 사람들이 우습게 본다고. 그러니 그들에게 우습게 보이지 않게 하기 위해 좋은 옷을 해 입고 다닌다고 했다. 또 이승훈 선생은 기차도 일등칸만 타고 다녔는데, 사람들이 왜 일등칸만 고집 하냐며 3등 칸도 좋다고 하자, 남강 이승훈 선생은 이렇게 대답했다. 못난 사람이 삼등칸에 쭈그리고 앉아 가다보면 일본사람들이 우습게 본다고. 그래서 꼭 일등칸을 타고 간다고.

헌데 오재경 선생은 이승훈 선생이 말하는 것처럼 얼굴이 못 생겼거나 그러지 않았다. 아주 핸섬하기 그지없는 사람이 오 선생이었다. 핸섬할 뿐만이 아니라 옷도 잘 갖춰 입었고, 행동도 일등이었고, 생각도 일등이었고, 뭐든 일류였다. 세계 어디에 내놓아도 손색이 없는 인물이 바로 오재경 선생이었다. 뉴욕 브로드웨이에는 참 잘 생긴 서양 사람들이 많다. 하지만 우리도 지지 않는다. 오 선생 같은 사람이 있으므로. 오 선생은 아주 타고난 대단한 사람으로 그들에게 절대 꿀리지 않는 것이다.

오 선생은 어느 시대에서나 가장 필요한 사람 중의 한 명이었다. 군사정권에서도 오 선생은 자신의 역할을 다했다. 어느 한쪽으로 치우치지 않고 늘 중용을 지킬 줄 알아 그의 능력은 더 빛이 났다. 사람들에게 원망도 사지 않아 정권이 바뀌어도 오 선생은 중용이 되었다. 그것은 자신의 사익보다는 공직자로서 사회와 국민들을 먼저 생각하는 마음이 컸기 때문일 것이다. 그 때문에 선생 밑에서 일하는 사람들은 힘이 들기도 했다. 무슨 일이든 매사에 완전무결 해야만 직성이 풀리는 퍼펙셔니스트(perfectionist)라 아랫사람들은 선생을 감당하기 어려웠을 것이다.

나중에 선생이 휠체어를 타게 됐을 때 남의 시선을 의식할만한데도 선생은 그러지 않았다. 조금도 거리낌 없이 세상으로 나왔고, 그때도 아주 단정했다. 하지만 마음에 조금이라도 불편한 게 있다면 나가지 않았다. 자신이 나아갈 자리와 물러설 자리를 정확하게 아는 멋진 사람이 바로 오 선생이었다. 그게 바로 인간적인 멋인 것이다. 휠체어를 타면서도 자신이 해야 할 일을 하는 것. 자신과 타인에게 당당한 것. 그러니 얼마나 멋있는 사람인가. 인간의 멋은 다른 데에 있지 않다. 장관이 되거나 높은 자리에 있을 때 사람들은 흔히 교만해지기 쉽다. 하지만 오 선생은 그러지 않았다.

내가 오 선생을 만난 것은 1954년 때의 일이었다. 서울을 수복하고 나서 김활란 박사님이 하회동에 사셨는데, 거기서 오재경 선생을 만났다. 지금도 그때 그 모습이 생각난다. 하긴 오재경 선생을 좋아하는 사람이 어디 나뿐일까. 나는 물론이거니와 모든 사람들이 그이를 좋아하고, 좋아했다. 부정부패를 모르고, 오만하거나 교만하지 않고, 인간의 멋이 풍기니 왜 좋아하지 않을 수 있을까. 게다가 핸섬하기까지 하니 다 좋아할 수밖에. 사람들에게 인기가 많았지만 사생활은 깨끗했다. 여성들과의 그 흔한 스캔들 한번 없이 깨끗한 사람이 바로 오 선생이었다. 그저 진정한 크리스찬으로서 공명정대하게 일을 하고 하나님을 섬기면서 깨끗하게 살다간 위대한 정신의 소유자가 오재경 선생이시다.

나는 그분을 알게 된 것을 큰 행운이자 기쁨으로 생각한다.

우리는 하나님 안에서 큰 하나

김옥라
(사) 각당복지재단 이사장

“어쩌다 보니 오재경 선생님과 제가 동갑이에요. 근데 따지고 보면 제가 10개월 먼저에요, 근데 오재경 선생님하고 가까이 친하게 얘기도 하고 한 것은 60대 이후에요. 60대 이후에 제가 조그마한 사회복지법인을 만들어 운영하고 있는데요 자원봉사능력개발연구회예요. 그게 1986년이었어요. 그러다가 한 4년 후에 남편이 세상을 떠나서 그 때 그 충격으로 만들어진 것이 삶과 죽음을 생각하는 회입니다. 윤보선 대통령, 김옥길 총장, 나익진(제 남편), 박대선 연세대 총장의 부인이 다 같은 해에 몇 달 차이를 두고 돌아가셨어요. 그게 1990년이었어요. 김옥길 선생님과 제 남편의 장례 날이 같은 날이었지요. 언더우드 박사가 저희 장례식에 오셨다가 ‘나 지금 김옥길 선생님 장례식에 가야 해’라고 하시고서 아직 이쪽 장례식이 끝나지 않았는데 김옥길 선생님 장례식으로 가신 촉박한 일도 있었어요.

“삶과 죽음을 생각하는 회를 운영하면서 사람들이 죽음에 대해 어떻게 생각하고 있나 알고 싶어서 명사들을 한분한분 모셔서 그 분들의 말씀을 들었어요. 2003년경에, 그러니까 오선생님이 돌아가시기 9년 전에, 그분을 대담자로 모셨어요. 그 때 오재경 선생님이 하신 말씀은 '사람은 언젠가 죽는 것이죠. 나는 죽음을 생각하기보다는 최선을 다하며 현재를 사는 삶이 소중한 것이라고 생각합니다. 내 좌우명이 최고는 못 되더라도 최선을 다하는 삶입니다. 확실히 오늘은 새날 입니다. 물론 어제가 있기에 오늘이 있지만 어제와 오늘은 분명히 다릅니다. 그러니 어제보다 더 나은 오늘, 오늘보다 더 나은 내일을 위해서 어떻게 살 것인가를 위해서 매일을 삽니다.'였어요.

"저는 오재경 선생님을 오랫동안 알고 지냈습니다. 동시대 사람입니다. 그 분이 일본에 가서 공부를 하셨을 때 저도 일본에 유학을 갔었기 때문에 생각이나 느끼는 버가 비슷해요, 그 분이 뭐라고 했나 하면 '나라 없는 백성' 그러니까 우리가 다 청소년시절에 남의·나라에 가서 공부하고 있었으니까 '나라 없는 백성' 하시면서 슬퍼하셨다고 회고한 적이 있어요. 해방이 돼서 그 분도 저도 다 한국에 왔는데, 미군정시기에 그 분은 후생부에서 근무를 하셨고 저는 인사행정처에서 번역관 노릇을 했습니다. 그러니까 서로 같은 지붕 아래서 일을 한 것이었습니다.

"2002년에 박에스더 선생님 생신 백주년 기념예배가 정동교회에서 있었어요. 그 때 오재경 선생님이 박에스더 선생님 추모사를 하셨어요. 거기에서 뭐라고 하셨나하면, 슈바커 라는 분(당시 보사부 고문)을 예로 들면서 그 이도 예수 믿고 그 이와 자신도 목사의 아들이고, 그리고 둘이다 사회를 위해서 일을 하는 걸 봐서 우리는 둘이 아니고 하나라고, 큰 하나라고 그렇게 말씀을 하셨더라고요. 그래서 저도 개인적인 만남은 젊었을 적에 없었지만, 오재경 선생님은 저 높은 장관 자리에 앉아 계셨고 저는 아래 공무원으로 있었으니까 뵐 경우도 없었고 했지만 그 분이 코리아 하우스를 만들어 가지고 우리들이 거기 가서 밥도 먹고 할 때부터 오 선생님하고 가까이 지내게 됐어요. 그래서 오늘 이렇게 가만히 생각하면 그 선생님이 말씀하신 것처럼 우리는 하나님 안에서 큰 하나다 그런 생각도 듭니다.

제가 오재경 선생님에 대해서 아는 몇 가지는 그 분의 처제 신재숙씨를 통해서예요. 그 분도 미군정부에서 일을 하셨는데 퇴근 후 그 분하고 나오면서 얘기를 주고받는 가운데 형부 오재경님에 대한 얘기도 나왔어요. 그 분이 집안 청소는 물론이고, 가구를 옮겨 놓는 거 그런 것도 다 잘 하셨다고 얘기를 들었어요. "나는 어렸을 때부터 청소를 좋아했다. 나의 집, 동네, 그 어느 곳에서나 지저분한 것을 견딜 수 없다. 그래서 70이 가까운 오늘날까지 깨끗한 것이 거룩한 것의 이웃됨을 실감하며 힘껏 살아온 것이다." 그렇게 쓰시기도 하셨어요. 그 분이 굉장히 깨끗하게, 몸가짐도 늘 깨끗하게 가지셨고, 집안 청소도 그렇게 잘 하시고, 또 듣기에 어디 가셔서도 잔디에 잡초가 있는 것을 보고 그냥 지나가실 수가 없어서 잔디를 뽑고 그러신 분이었던 거 같아요.

제가 竹圃七十而 自述을 읽으면서 너무너무 많은 감동을 받았습니다. “나는 언제나 원칙대로 살았다. 그랬기에 남보다 힘겹게 살 수 밖에 없었다. 나는 평생을 누구를 위해 일했다기 보다는 누구와 함께 일하는 것을 낙으로 삼았다. 평범한 나의 능력을 남김없이 맡은 바 일에 불사르기에 힘썼다. 나의 생활은 큰 것보다는 작은 것, 최고의 것보다는 최선을 다하는 일로 항상 알맹이 있는 삶이 되도록 살았다. 참된 것이 아니면 나와는 상관이 없다는 마음가짐으로 달려온 나의 삶, 70이다.” 원칙대로 살았고, 잘못된 것은 자기와 아무 상관이 없다고 그렇게 사신 분입니다. 그리고 저에게 감동을 준 글은 “오늘 나의 삶 그것은 자랑스러운 내일의 역사를 만들기 위한 것이라고, 사람과 동물이 다른 것은 해야 할 일과 해서는 안 되는 일을 분간하고 해야 할 일이면 목숨을 걸고라도 해야 하는 것이고, 해서는 안 될 일이라면 이것 역시 목숨을 걸고서라도 하지 않는 모습. 이러한 모습을 다른 사람의 강요에 의하지 않고 스스로 이룩해야하는 것이다.” 하신 것입니다. 그리고 그의 신앙심이 대단한 것입니다. 뭐라고 그러는가 하면 오늘 예수 믿는 우리는 누구에게나 본이 되어야 하는 것이다. 진정 하나님을 보기 원하는 사람이 있다면 나를 보라, 하고 말할 수 있을 정도로 진짜 크리스천이 되어야 한다고 하셨어요.

또 오 선생님의 투철한 애국정신, 그거는 어디 썼는가 하면 ‘오늘을 사는 젊은이들에게’에 쓰셨어요. 통일을 우리는 원한다. 민주주의와 공산주의 두 세력이 이 땅에서 공존을 추구하는 한 우리도 어찌할 도리가 없다. 그러나 이러한 무서운 비상사태를 생활하기 위하여 우리가 근거하는 민주주의를 우리는 더욱 굳건한 것으로 만들며 살아야한다. 민주주의만이 우리의 삶의 길이기 때문이다. 민주주의만이 단 하나의 소망, 소망스러운 새 생명이요 새 역사를 안겨주는 것으로 우리는 믿기 때문이다. 정부가 나라가 아니요, 국민이 나라라고 하는 이 민주주의의 철학을 누구나 힘써 생활해야한다고.

오재경 선생님은 다 아시는 바와 같이 로터리를 위해서 아주 많은 시간과 정성을 쏟았습니다. [이 자리에] 로터리 회원들이 많이 계시리라고 생각합니다마는 오재경 선생님께서는 로터리 정신에 아주 몰두하셨어요. 그래서 국내 로타리클럽 회장, 365지구 총재, 국제 로타리 이사를 역임 하시면서 여러 회의에 가셨고 거기에 대해 많은 글을 남기셨는데 그 중 하나만 제가 읽겠습니다. 그 분은 이 로터리 정신을 기독교 정신과 일치 시키신 것 같아요.

'로터리를 생활하는 우리는 내 고장의 부조리, 불만, 무질서의 원인을 가려내어 이것을 뿌리에서부터 뽑아버리는 보다 적극적인 마음가짐이 행동으로 옮겨져야 합니다. 진정 우리가 그 누구에게 그 무엇인가를 해준다면 그것은 그들의 의식 속에 자리잡은 가난을 뿌리 채 뽑아버리고 그들을 붙들어 일으켜서 그들의 초라함을 스스로 벗어버리고 스스로의 길을 열어갈 수 있게 해야 합니다."

제 남편도 로터리 멤버였습니다. 한양로터리 멤버로 오랫동안 로터리 생활을 즐겨 했고 봉사도 많이 한 걸로 압니다. 제 남편이 저와 함께 그 말년에 한국 자원봉사능력개발연구회를 창설하고 저를 도와서 그 일을 지속적으로 하게 한 그 원동력이 로터리에서 온 것으로 느껴집니다. 오재경 선생님께서는 로터리에 몰두하셨는데 그 때 저는 비슷하게 걸스카웃 운동을 키웠습니다. 오 선생님은 말년에 종이접기하신 거 아시죠? 종이접기협회를 사단법인체로 운영하셨습니다. 종이 한 장에 생명을 불어넣고 평화를 비는 일본 어린이들의 마음에 동조하신 겁니다. 그래서 저보고도 종이접기 하라고 하셔서 저희 회에 오셔서 종이접기를 가르쳐 주셨습니다.

또 지구촌 지역사회 운동도 하시고, 오 선생님도 서민이 되셔가지고 제가 하는 복지사업에 굉장히 관심을 가지시고 도와주셨습니다. 제가 오 선생님을 마지막 뵌 것은 서영훈 선생님이 〈공동선〉이라고 하는 회를 만드시고 원로들이 모이고 한때입니다. 지팡이를 짚고 나오셔서 그 자리에 앉으셨던 것, 그래서 제가 유니버셜의약을 소개한 적도 있는데 왜 그렇게 빨리 돌아가셨는지 지금까지 넉넉히 사실 수 있는 것인데 그렇게 홀홀히 떠나셨습니다.

끝으로 제가 오 선생님을 생각할 때 머릿속에 그려지는 것은 오재경 선생님이 멋쟁이 신사라는 것입니다. 그 분은 인생을 멋있게 사신 분이며 참된 크리스천이었습니다. 로터리를 통해서 세계적인 자원봉사자의 삶을 사셨습니다. 박보희(오재경 선생의 부인) 선생님과 저는 같은 해에 삼성공익 재단에서 주는 비추미 대상을 수상했습니다. 그 때 박 선생님에게서 들은 에피소드가 있습니다. 기억하시는지 모르겠는데 아침에 부인이 일찍이 모임이 있어서 나가려는데 오 선생님이 부르시더래요. 그러더니 윗저고리 좀 벗으라고 하더래요. 그 윗저고리에 장 속에서 개켜 있던 구김살이 그냥 있는 것을 이 양반이 급하니까 그대로 입고 나가는데 그걸 벗으라고, 그래서 다림질로 싹 다려서 내보내시더래요. 이렇게 국내외적으로 세계적으로 유명한 명사이신 그 분께서 가정적으로도 따뜻하게 인간미를 보여주신 그 분이 정말 그립습니다. 여러분과 함께 그 분을 사랑합니다.

(2015년 죽포회에 주신 회고 녹취자료)

사람은 깨우쳐야 한다.
깨우친 자는 발전한다.

남선우
전 로터리 코리아 위원장

(주: 남선우님과 오재경 장관님과의 인연은 장관님이 이승만 박사 자유당 시절에 공보실장으로 있던 때였다. 남선우님은 1995년도에 〈로터리코리아〉(계간지)를 만들었다. 그는 오재경 장관님을 24년 정도 알고 지내며 모셨던 분이다.)

"오재경 총재는 성격이 깔끔해요. 엄청 깔끔해서 의자가 삐딱하게 놓인 것도 자신이 손수 다 치워요. 송인상씨는 망부석처럼 앞자리에 앉아있으면 그 자리에 그대로 앉아있어요. 세미나가 있으면 치우거나 그런 게 없어요. 그런데 오재경 총재님은 자기 마음에 맞지 않으면 최고 가운데에서도 최선의 자세를 보여주는 분이예요."

능률협회 회장을 지내고 이승만 박사 시절 부흥부장관을 지낸 송인상씨 또한 오재경 장관님하고는 친숙한 사이였다.

"일본에 미쓰비시 중공업이 있어요. 그 사장이 미국 세계대회에 이어서 미국사람 독일사람 들과 영국으로 가는 스케줄이 있었어요. 그런데 미쓰비시 중공업 사장이 로터리 장학회도 운영했었지요. 그 분이 사장이 되서 런던에 지사장한테 명령을 내렸어요. 미쓰비시 중공업 런던 지사장으로 나간 사람에게 전화를 해가지고 '로터리 세계대회가 런던에서 열리는데 거기 참석하여 한자도 빼놓지 말고 제대로 보고를 하라'고. 그래서 그렇게 참석을 하고 첫날부터 셋째 날까지 다 기록해서 보고했어요. 사장 지시니까요, 그렇게 할 수밖에 더 있어요. 그래 가지고 그 다음해 일본은 회원이 13만 정도 됐어요."

일본과 한국 그리고 미국 등 로터리 문화가 발전한 것은 사실이고 한국은 오재경 장관님의 열정과 글로벌 처세술이 상당한 영향력을 미쳤다. 근데 요즘은 일본이 그렇고 세계가 전반적으로 그렇지만 선진국부터 로터리 회원들이 줄고 있다. 그러나 한국은 늘어나고 있다. 이 또한 오재경 장관님의 로터리 사랑과 활약상이 작용한 것이다. 한국 로터리는 여성 회원들이 늘어나는 것과 지방 회원들이 많이 생성되는 것이 특징이다. "요즘 도시와 시골의 돈의 격차가 없어졌잖아요. 오히려 농촌이 더 잘 살잖아요. 요새는. 그래 가지고 여성, 농촌 사람들이 로터리를 그렇게 선호하는 겁니다. 지방에 로터리 클럽이 더 많아요. 제가 1995년도에 로터리 코리아 위원장을 지낼 때 로터리 클럽의 실질적 성과 조사를 해서 보도를 냈던 적이 있어요." 그 당시는 도시 중심의 산업화 과정이어서 로터리 클럽이 도시를 중심으로 발전했었다. 지금은 농촌 등

중소 도시와 여성 로터리 클럽이 늘어나고 있는 추세이다.

"그 당시 서울 세종문화회관 뒤 국제빌딩에 우리 로터리코리아가 있었어요. 그거 오재경 장관님이 다 한 거거든요. 사무실이든 인력이든 정책이든 그 때 기반이 이뤄졌지요."

오재경 장관님은 그 당시 유명한 일화를 남겼다. 〈최고가 못 되더라도 최선을 다하는 삶을〉 〈사람은 깨우쳐야 한다. 깨우친 자는 발전한다.〉 그 당시 오재경 장관님의 한마디 한마디는 후학들에게 보물 같은 훈시였었다.

"제가 요즘 시를 낭송하는데. 제가 시 낭송을 여기 성남아트센터에서, 문화원에서 이틀간 개최를 했어요. 제가 시와 시 낭송이 얼마나 좋은 영향력을 미치는지 좋은 일화가 있는데 오재경 장관에게 들은 내용입니다. 미국 케네디가 대통령이 되자마자 미국 코 앞 쿠바에 구 소련이 공격용 미사일을 설치했어요. 그 때 케네디가(家) 사람들은 창가에 가서 시를 낭송했던 겁니다. 시를 낭송 하는데 [각자]가 애송하는 시가 있을 거 아니겠어요. 그 시를 낭송하는 겁니다. 그러면, 계속 그러면 상대가 [순화] 된다는 이야기예요. 그래 가지고 늦추고, 늦추고 해서 결국은 군사 미사일을 철수했다는 일화가 있지요. 이 유명한 이 이야기를 프랑스 대통령 퐁피두가 쓴, "국사가 안 풀릴 때는 시 낭송을 해라. 창가에서." 에서도 소개했답니다. 한국의 오재경 장관님처럼 시를 좋아하고 시 낭송을 잘 하는 분은 드물 것이다. 마음을 다스리기 위해서, 사회 [정서를] 위해서 오재경 장관님은 시와 함께 하는 생활을 좋아했다고 합니다. "그 양반이 시 낭송을 잘해요. 그래 가지고 '사람이 산 다는 것' 이 제목을 지어줘서 그것을 제가 낭송을 했어요. 그랬더니 나보다 김동길 교수가 더 잘 하는 게 그 양반은 영어면 영어, 불어면 불어를 잘 해요. 그래서 그 분 시 낭송 역시 생동감 있게 살아 있잖아요."

남선우님은 로터리코리아 위원장을 지내다가 성남문화원장, 경기도 문화원장을 11년을 했었다. 문화 활동가로서 오랜 세월을 보냈었다. "오재경 장관님 후임으로 내가 1995년도 로터리코리아 위원장을 했는데. 그 때 그 양반이 한국 로터리 총재로서 로터리 코리아를 [만들었지요]. 그렇게 중요할 때마다 직책을 맡아서 그걸 한 거예요. 바둑에서 화점 맞추듯이. 그게 오늘날 꽃을 피운 거지요." 지금 전국적으로 로터리 회원들은 꽤 많이 늘어났다. 6만 명 이상이 회원이 된 것이다. "로터리 멤버가 꽤 많이 늘어난 걸로 알거든요. 한국은 계속 늘어나요. 지방과 여성 단체가. 일본은 3만 명이나 줄었다던가 하는데, 많을 땐 13만까지 [되었었는데] 줄었데요. 어떻게 보면 오 장관님 덕택에 제가 전국 최연소 총재를 했었거든요. 로터리, 아니 로터리코리아에서 그렇게 행운도 좋았지요."

남선우님은 건강 상태가 별로 좋지 않은데도 불구하고 오재경 장관님과 관련된 일이라서 오랜만에 인터뷰에 응했다고 고백한다.

정리: 안지언 외

오재경 회장님의 크신 은혜에 깊이 감사드립니다

노영혜
종이나라박물관 관장
종이문화재단 세계종이접기연합 이사장

오재경(吳在璟)회장님은 저에게는 참으로 높고 귀하신 분입니다. 처음 뵈었을 때의 인자한 미소와 따뜻하게 받아주신 그때의 시선을 잊지 않고 있습니다.

저는 1987년부터 한국종이접기협회 (영어명칭:Korea jongie jupgi association) 설립을 하고, 한국종이접기문화 재창조운동을 펼치기 시작하였습니다. 우리의 유구한 종이접기역사와 우수한 종이문화는 일제강점기와 6.25남북전쟁의 격동기를 치루면서 거의 사라지다시피 되었기 때문입니다. 그러므로 훌륭한 우리의 전통종이접기와 종이문화를 보존하고 보다 더 발전시켜야한다는 시대적 사명감으로, 1972년에 설립한 기업 종이나라의 사회적 책임을 실현하기 위해 종이나라 임원들과 함께 한국종이접기협회 설립준비위원회가 발족하고 종이접기를 역사 발굴, 국내외 정보수집, 정관제정, 협회마크제작, 종이접기교재발간 등 기반을 만들며 창립 주춧돌을 쌓아나가기 시작했습니다.

종이접기 연구와 발전을 위한 동호인 모임을 결성하고 종이나라 직원들과 가족들, 협회 설립의 뜻에 동참하는 발기회원들을 모집하고 각계각층의 인사들을 이사로 영입하는 등 종이접기국민운동을 위해 2년 동안 온 정성을 쏟았습니다.

종이접기 재창조 운동을 시작한지 3년차인 1989년 임의단체인 한국종이접기협회를 사단법인화 하여 공신력을 더욱 높여나가기 위해, 멘토 역할을 맡아주실 초대회장으로 우리나라 문화예술산업 발전을 리드해 오신 오재경 선생님을 모시기로 하였습니다. 이 결정은 서울 성동로타리클럽 회원들이시자 본회 발기이사님들이신 정도현, 박장원, 정영웅 발기 이사님 호의 초대에 의한 것이었습니다.

종이나라 정도헌 회장님과 함께 국제로타리 서울 국제대회 국내준비위원장실로 오재경 선생님을 찾아뵈면서 부터 높고 귀한 인연이 시작되었습니다. 지성과 카리스마가 넘치는 인자한 모습과 온화한 미소로 맞이해주신 오재경 선생님께 초대회장님으로 모시고자 하는 취지를 말씀드렸더니 그 자리에서, "안타깝게도 일본의 종이접기 (오리가미)가 크게 융성하여 세계의 종이접기를 주도하고 있지만, 지금부터라도 함께 다시 꽃피우자."시면서 쾌히 승낙하셨지요.

▲ 1989년 3월 7일, 발기총회 회의 테이블에 종이학을 접어 장식했는데, 오재경 선생님께서 "종이학은 종이접기의 상징이니 손에 받들고 찍자"는 아이디어는 발기총회 사진에서 지금도 그 역사와 뜻을 빛내고 있습니다.

1989년부터 1997년 (1대-2대)까지 8년 동안 한국종이접기협회회장님으로, 그 뒤 명예회장님으로, 종이문화재단 고문님으로 자리매김하시면서 보여주신 리더십은 제 평생 큰 교훈이 되었습니다.

길음동에서 대학로 동숭동으로 협회를 이전한 후 회장실을 마련해 드렸는데 언제나 깔끔한 모습으로 거의 매일 출근시간이 정확하여 한결같으셨으며 아침 첫 간담회에서 경영실적, 일정, 이벤트, 정책 등을 말씀드리면, "잘했어요." "좋아요." 등 칭찬과 격려를 아끼지 않으셨습니다. 그 칭찬과 격려가 오늘까지 종이문화사업에 일생을 다 바치며 사명의 길을 떳떳하게 걸어가고 있게 하셨습니다.

대한민국의 유구한 종이접기역사와 세계 제일이었던 종이문화나라의 명성을 부활, 재창조하기 위해서는 지도자를 양성하여 교육을 통해서 생활문화로 정착시켜야 하였습니다. 그러기 위해 강사를 길러내는 지도서가 될 수 있는「재미있고 유익한 종이접기 교실(1990년 10월 20일 펴냄)을 제 신명을 바쳐 우리나라에서는 처음으로 펴내었는데 오재경 회장님께서는 크게 기뻐하시며 추천사와 격려를 해주셨습니다. 이 종이접기지도서는 수많은 강사를 길러내었고 종이접기가 우리나라의 국민생활문화로 정착되면서 협회가 나날이 발전해 나가는 동안 힘을 실어주신 오재경 회장님의 신년사(新年辭) 및 각종축사와 종이접기도서의 발문(跋文)을 다시 한 번 읽어보며 오회장님을 기리고저 합니다.

〈종이접기지도서〉 발간 추천사

歷史를 더듬어보면 종이 만드는 기술과 종이공예는 우리나라가 크게 앞서 있었습니다.

조선시대에 이르러 한지를 이용한 공예품은 그 시대 여인들의 높은 기호물이었으며, 가까이 하는 생활 용구로서 뿐만 아니라 일반 생활과 신앙에 이르기까지 민속예술의 경지에까지 정착하게 되었습니다. 한지를 이용한 다양한 생활용품은 민속적인 미적 감각으로 잘 정제된 조형미와 생활의 멋을 반영하였으며, 종이를 접거나 오려서 생활에 나타낸 문양들을 보면 독창적이고 소박한 지혜 속에서 주제와 표현의 자연스러움이 가득합니다.

그렇듯이 선조들의 지혜가 가득한 한지 제조법과 그 문화가 일본에 전해져 오늘날은 일본의 종이접기 공예가 크게 융성하여 세계의 종이접기공예를 주도하고 있습니다. 한국종이접기협회는 우리나라 종이접기 공예의 뿌리를 다시 찾아내 계승 발전시키고자 1989년에 발족하였으며, 그 동안 보급에 힘쓴 결과 학교와 가정에서 종이접기가 다시 사랑받기 시작했습니다. 또, 종이접기는 창의성과 정확성이 동시에 요구되는 작업이므로, 경제적 고도성장으로 이제 선진국을 바라보게 된 우리 국민에게 창의성과 정확성을 보태는데 도움이 될 것입니다.

종이접기를 오늘과 내일의 창조에 이바지하는 국민의 정서적 운동으로 번지게 하여 우리 땅에 아름다운 종이접기의 꽃이 피어나기를 바랍니다. 이 책이 그러한 소망을 이루어 내는 길잡이가 될 것입니다.

많은 이용 바랍니다.

협회 사무실 이전 축사

"하늘의 무지개를 볼 때마다 나의 마음은 뜁니다.
나 어려서 그러하였고 어른 된 지금도 그러합니다.
하늘의 무지개를 보기 힘든 어제 오늘이나
오색(五色)의 색종이로 무지개를 그려봅니다.
그리고 그 속에서 희망(希望)을 찾습니다.
종이접기 하는 마음이 곧 진(眞), 선(善), 미(美)의 마음입니다.

종이접기는 동심(童心)의 세계(世界)를 되찾게 합니다.

그 순진(純眞)함으로 참 인간(人間)을 나에게서 찾습니다.

TV 연속극(連續劇) 〈서울 뚝배기〉에 나오는 동팔이 아저씨가 종이학으로 그 소원(所願) 이룬 것을 생각하면서 종이접기로 우리 모두의 참된 소망(所望) 이루기를 비는 마음입니다.

종이접기협회가 동숭동(東崇洞)에 새 집을 마련했습니다.

새 술은 새 부대에 담는다는 말처럼 새 마음 듬뿍 심어나가기를 크게 기대하고 있습니다.

동숭동(東崇洞) 문화(文化)의 동산(洞山)에 뚜렷한 식구가 되겠습니다. 동참(同慘)해 주십시오."

1990년 신년사

"지난해 11월초 제1회 종이접기 작품 전시회는 기대 이상의 평화로운 정경을 우리들 모두에게 안겨 주었습니다. 할아버지가 손자와, 어머니가 어린 아들, 딸들과 손잡고 오색종이로 접어놓은 갖가지 새, 동물, 꽃 등을 구경하는 모습은 참으로 아름다운 한폭의 그림이었습니다.

종이접기에는 꿈이 있고, 동심이 있고, 즐거움과 보람이 있습니다. 할머니와 손자와 어머니와 아들, 딸과의 대화가 있습니다. 쏟아져 나오는 완구와는 달리 어린이와 엄마의 손끝이 닿는 따스함과 정성이 담겨 있습니다.

종이접기로 봉사활동을 하겠다는 자원 지도자도 생겨났습니다. 고아원도 찾고, 장애자도 찾아서 그들에게 작으나마 종이접기를 통해 꿈과 소망을 안겨 주겠다는 착한 마음입니다. 이와 같은 작은 봉사가 이어져 우리네 사회를 더욱 풍요롭게 할 것으로 믿으면서 우리 모두가 다 이러한 마음 되기를 바랍니다.

뇌성마비 어린이 안용주는 지난해 11월초 서지도 앉지도 못하는 몸으로, 겨우 움직이는 왼손 하나로 여러 개의 동물을 접어 보내왔습니다. 그에게는 종이접기가 단 하나의 소망이며 위안이고 자랑으로 보였습니다.

1990년이 우리 모두에게 소망과 평화와 기쁨의 해 되기를 빌면서 지난 연말에는 크리스마스 카드에 색종이로 산타크로스를 접어 보냈습니다. 새해에는 종이접기가 더욱 국민 여러분의 사랑을 받고 퍼져가기를 바라는 마음입니다.

새해 복 많이 받으십시오."

1992년 신년사

종이접기로 한 가족 된 회원 여러분에게 보내드리는 새해 축하의 인사입니다.

또 다시 새해가 되었습니다. 바로 새해에 합당한 새 마음으로 뭉치는 우리들 되기를 비는 마음이기에 새해 365일의 하루하루가 모두 새날로 이어져 그에 합당한 참되고 아름다운 나날 되기를 비는 마음입니다.

우리들이 서로 손에 손잡고 사는 이 세상 더욱 살기 좋은 곳 되기를 원합니다. 우리들이 서로 손에 손 잡고 사랑하는 한마음 되기를 원합니다.

지난해보다 더 좋은 새해되고 그래서 크게 보람을 누리는 우리들 되기를 비는 마음입니다. 더불어 힘쓰는 종이접기예술(藝術)이 우리네 삶 풍성함을 더하여 더욱 청정(淸淨)한 마음 창출(創出)해내고 정직(正直)한 영(靈)으로 높은 도덕성(道德性)이 넘치는 새로운 삶 되게 하기를 원합니다.

깨끗한 것은 거룩한 것의 이웃이라는 격언이 있습니다. 깨끗한 마음이 거룩함을 더하기 위해 우리들의 종이접기예술(藝術)이 새해 새날에 합당한 새 마음 키워나가는 살찐 토양 되기를 비는 마음입니다.

종이접기는 우리의 삶을 아름답게 합니다. 생동(生動)하는 젊음 더하게 합니다. 구김살 없는 순진(純眞)한 동심(童心)의 세계를 우리 모두의 것 되게 합니다. 동심(童心)은 깨끗한 마음이요. 정직(正直)한 마음입니다. 무지개를 그리게 하는 조건이 없는 사랑입니다.

다복하소서!

1993년 신년사「新千萬里淨」

"다시금 새해 새날이 열렸습니다. 올해는 닭의 해입니다.

때를 알려주는 닭의 울음소리, 우리의 속마음도 깨우쳐야 할 때입니다.

닭의 울음소리는 먼동이 틈을 알리는 소리입니다.

거짓이 없는 진실만을 우리네 삶 되게 하여 싱그러움 더하는

이 해 되기를 비는 마음입니다

우리는 종이접기로 신선함을 생각하게 하는 백학(白鶴)접기를 즐겨 합니다.

그래서 후세의 어지러움을 잊게 합니다.

'매(梅)는 내 아내요, 학(鶴)은 내 아들'이라는 고시(古詩)의 한 토막을 생각하게 합니다.

바람이 불면 마주 어울려 춤추고 달 밝은 밤이면 홀로 노송(老松) 가지에 앉은 학(鶴)의 고고(孤高)함을 우리의 종이접기로 벗하며 사는 것입니다.

학은 천년(千年)을 산다했습니다.

부끄러움이 없이 자랑스러움 더하며 힘껏 살 수 있기를 원합니다.

새해에는 거북이를 종이접기 하는 일로 더욱 큰 보람 누렸으면 합니다. 거북이의 두 눈은 해와 달을 상징한다고 했습니다.

순간을 영원한 것 되게 하는 그리고 천지를 끌고 가는 힘이 거북이에게 있다 했습니다.

이순신 장군의 거북선을 생각나게 합니다. 임진왜란 때 나라의 위태로움을 막아낸 거북선을 생각하며 오늘의 이 어려움을 이겨내는 우리 모두 되도록 힘써야 할 때입니다.

거북이는 만년을 산다 했습니다.

자랑스러움 더하게 하는 일로 우리네 삶 만수무강(萬壽無疆)했으면 합니다. 닭과 학과 거북이를 우리네 삶 되게 힘써 나가는 이 해 되시기를 크게 소원합니다."

존경하옵는 죽포 (竹圃) 오재경 스승을 기리며

신년사 신천만리정「新千萬里淨」에서 "자랑스러움 더하게 하는 일로 우리네 삶 만수무강(萬壽無疆)했으면 합니다."라고 하셨는데 안타깝게도 그분은 지금 이 세상에 안계십니다만, 죽포(竹圃) 오재경 문선집(文選集)의 표제 "평범(平凡)을 비범(非凡)으로" 처럼 매일매일 큰 가르침으로 저를 이끌어 주신 참으로 은혜가 하해 같으신 분으로 제 마음속에 항상 살아계십니다.

하해와 같은 은혜에 대해 그 빚 다 갚을 길은 없으나 종이접기를 오늘과 내일의 창조에 이바지 하시자는 생전의 말씀에 대한 추모의 뜻을 담아 2011년 「세계종이접기창작작품공모전」을 신설하여 대상을 오재경 회장상으로 시상하고 있습니다.

그리고, 제가 하는 일을 항상 대견스럽게 여기시던 생전의 기대에 부응하기 위해서, 미래창조문화와 경제력으로 우리나라의 평화통일을 이루어내고 인류의 평화에 이바지하는 문화의 다리가 「대한민국 종이접기(Jongie Jupgi)」로부터 놓여질 수 있도록 최선을 다하여 나가겠습니다.

생전에 종이접기행사에서 읊어 드리면 좋아하시던 "미래의 평화를 접어 펼쳐라"라는 시와 함께, 종이접기와 종이문화의 길을 지도편달해주시며 이끌어 주셨던 소중한 행사 사진을 실으면서 죽포 오재경 선생님께서 우리나라에 남기신 큰 업적과 영광된 삶을 생각하며 또다시 감동합니다.

『미래의 평화를 접어 펼쳐라』

한 그루의 큰 나무! 거듭난 후
맑은 사각의 종이가 되어
한 장의 사각종이 접혀지고 승화되어
창조의 미래를 열어가네
동방의 백의민족은 배달의 더운 핏줄 타고나
고난 줄에 연을 접어 하늘까지 날리고
천정엔 학이 놀고 좌우 벽엔 송죽이 서고
방바닥엔 고운 장판이 안식을 주네
한 번 접어 한을 달래고
두 번 접어 고통을 승화하고
세 번 접어 평화를 노래하네
우리의 소원은 통일의 꿈, 접은 종이배
백두산 천지 물에 띄어 보내면
오천년 묵은 나무
평화의 꽃을 피우리라

A Remarkable Friend, C. K. Oh

Meherunissa Rehmani
Former UNESCAP Staff
Batik Artist

Dear Po-Hi,

Congratulations for the formation of an informal "Bamboo Field Society"! My best wishes for the enjoyment of recollections and sharing of memories of a remarkable friend CK.

I am from India and met Dr. Pak Po-Hi in February 1980. We worked together for the United Nations Economic and Social Commission for Asia and the Pacific. We were colleagues as well as best friends. I first met Mr. Oh Chae-Kyung in Bangkok when I attended the garden party that Dr. Pak hosted in his honor. Then, I attended their wedding in Seoul in 1987 and enjoyed Mr. Oh's generous hospitality.

He was very proud of his Korean heritage and he loved his country. Though a very traditional Korean gentleman, he was very broad–minded and enjoyed meeting his wife's UN friends. He always warmly welcomed me and other friends into their home and extended to us his generous hospitality. He enjoyed sharing with us his Korean way of life, food, culture and so on. He took equal interest in my Indian culture, heritage etc. Once he had hosted my young nephew Zameer Rehmani who stayed with him in his home for few days on his way to Boston from Bangkok. To date, Zameer remembers Mr. Oh's hospitality, especially every day enjoying with him leisurely traditional Korean Meal.

I visited Seoul many times. During my last visit in 2010, I was so deeply touched that Mr. Oh himself came with Dr. Pak to receive me at the new Inchun Airport – in his wheel chair. That visit is very vivid in my mind. He took us to the newly open national museum in breathtaking surroundings. We went to a very famous cold noodle restaurant. Most importantly, we went to his church on a Sunday morning and were greeted by freinds with respect and love.

Above all, I remember Mr. Oh for his human qualities,

values, beliefs, generosity, and dedication and devotion to his country, culture, religion, family and friends including us. I cherish wonderful memories of true friendship with both Mr. & Mrs. Oh.

특출한 친구 오재경님

메루니사 라마니, PhD
전 UNESCAP 직원
바티크 미술가

사랑하는 보희에게

죽포회가 발족되었다니 진심으로 축하해요. 그 모임을 통해 특별한 친구 C.K.를 생각하고 그가 우리에게 남기고 간 추억을 함께 나누는 일에 많은 기쁨과 축복이 따르기 바래요.

저는 인도 출신으로 박 박사와는 1980년 2월에 처음 만났습니다. 우리는 국제연합아세아태평양 경제사회이사회(UNESCAP) 사무국에서 함께 일하면서 동료이자 가까운 친구가 되었습니다. 오재경님을 처음 만난 것은 박 박사가 방콕에서 그분을 위해 마련한 가든파티(gerden party)에 참석했을 때였습니다. 그 얼마 후 1987년 서울에서 있는 두 사람의 혼례식에 참석하였고 오재경님이 베푸는 풍성한 대접을 받았습니다.

오재경님은 한국의 전통과 문화에 대해 깊은 긍지를 지니셨고 그의 나라를 사랑하는 분이셨습니다. 전통적인 한국의 신사이셨지만 마음이 개방된 분으로 그의 부인의 UN친구들과의 만남을 즐거워하셨습니다. 저 자신도 그렇고 부인의 다른 외국 친구들을 그의 자택에서 머물도록 초대하셨고 한국의 생활양식, 음식문화, 예술 등을 소개해 주시기를 즐겨하셨습니다. 그는 또한 제 배경인 인도 문화와 전통에 대해서도 깊은 관심을 보이셨습니다. 한번은 제 조카 아들 자미어 라마니(Zameer Rehmani)가 방콕에서 미국 보스턴으로 유학차 가는 길에 서울에 들르게 되었는데 자미어를 자택에서 며칠 동안이나 머물도록 하시면서 친절히 돌보아 주신 적이 있습니다. 자미어는 아직도 그때의 오재경님의 환대를 기억하며 그 어른과 여유롭게 전통적 한국 식사를 나눈 일을 즐거운 기억으로 간직하고 있습니다.

저는 서울을 여러 번 방문하였습니다. 제가 마지막으로 방문한 것이 2010년 이었는데 그때 오재경님께서 휠체어를 타고 박박사와 함께 공항에 마중을 나오셔서 제가 깊이 감동 받았었습니다. 그때 그 서울 방문이 아직도 제 기억에 생생합니다. 그분 자택에서 머무는 동안 새로 개설된 국립박물관도 안내를 해주셨고 서울에서 이름난 냉면집에서 전통 한식 대접을 받기도 하였습니다. 가장 중요했던 것은 일요일 아침 오재경님이 오랫동안 다니신 교회에 함께 가서 예배에 참석하고 그분을 존경하고 사랑하는 많은 교인들과 인사를 나눈 것입니다.

무엇보다도 오재경님의 인간성과, 가치관과, 믿음과 너그러움 그리고 그의 나라와, 문화와, 종교적 믿음과, 가족과 저를 포함하는 친구들에 대한 헌신을 기억할 것입니다. 오재경님 내외와 풍성하고 진실된 우정의 기억을 귀하게 가슴에 품고 살 것입니다.

잘 지내세요.

고 오재경 장로님

박광옥
혜성 교회 원로 목사

[손에 손 잡고 벽을 넘어서]

언제 어디서 들어봐도 감동적인 노래이다. 특히 화합이라는 메시지가 감동적이다. 우리가 다 아는 대로 1988년 서울 올림픽 주제가이다. 특별히 오재경 장로님을 생각하면 늘 이 노래가 생각난다. 친히 이 노래를 부르시는 모습은 한번도 뵌 적이 없다 그러나 어떤 자리에서 이야기를 하실 때 환하게 웃으시면서 먼저 이 노래 말 가사를 외우시면서 말씀을 시작하시곤 하셨다. 왜 그 어른이 이 노래 가사를 그토록 좋아했을까? 우리는 그 분의 마음 속에 잔잔하게 흐르는 나라 사랑하는 마음, 교회 사랑하는 마음, 사람들과 교제하며 정 깊은 이야기하시기를 좋아하셨던 생전의 모습을 그려 본다. 그래서 장로님이 그렇게 좋아하셨던 서울올림픽 주제가를 여기에 적어본다.

하늘 높이 솟는 불 우리의 가슴 고동치게 하네
이제 모두다 일어나 영원히 함께 살아가야 할 길 나서자
손에 손잡고 벽을 넘어서 우리 사는 세상 더욱 살기 좋도록
손에 손잡고 벽을 넘어서 서로 서로 사랑하는 한 마음 되자
손잡고 어디서나 우리의 가슴 불타게 하자
하늘 향해 팔 벌려 고요한 아침 밝혀 주는 평화 누리자
손에 손잡고 벽을 넘어서 우리 사는 세상 더욱 살기 좋도록
손에 손잡고 벽을 넘어서 서로 서로 사랑하는 한 마음 되자
손 잡고 하늘 높이 솟는 불 우리의 가슴 고동치게 하네
손에 손잡고 벽을 넘어서 우리 사는 세상 더욱 살기 좋도록
손에 손잡고 벽을 넘어서 서로서로 사랑하는 한 마음 되자.
손잡고

사실 서울올림픽은 어찌 보면 건국이래 전세계를 향해 우리의 생동감 넘치는 큰 함성을 외친 부드러우면서도 감열한 메시지가 담겨 있는 노래라고 생각한다. 오재경 장로님의 성품과 의지와 나라 사랑하는 마음이 이 가사에 깊이 담겨 있기에 그토록 좋아하셨다고 생각한다. 때론 이 노래 말의 작사를 장로님이 하신 것이 아닌가 싶을 정도이다. 장로님의 마음이 고스란히 이 노래 속에 있기 때문이다. 이제 그 어른은 가셨지만 누구든지 어디서든지 이 주제가를 부르면 환한 미소로 그 분이 우리 곁에 조용히 와 계시는 것 같다.

오래 전 일이다

내 부목사 시절에 교회에서 대학생들을 지도할 때이다. 여름 수양회 장소로 의정부에 있는 [송포당]에서 개최한 적이 있다. 이 곳은 장로님께서 선친 오택관 목사님과 어머님의 가묘를 모신 곳이다. 조용하고 한적한 양지 바른 곳에 두 분의 묘와 비석이 가지런히 놓여 있다. 누구 보다 오 장로님께서는 선친 오택관 목사님을 많이 사모 하셨다. 그래서 선친의 평소에 가르치신 말씀을 유언처럼 간직하시고 사셨다. 그 말씀은 [예 할 때 예 하고 아니요 할 때 아니요] 하는 올바른 사람이 되라는 말씀이다. 나는 이 말씀을 여러 차례 들었다. 그 날에도 친히 수양회 장소에 올라오셔서 특강은 아니지만 아버님이 살아오신 길과 납북되시어 생사를 알지 못하지만 북녘 하늘 그 어딘가에서 기도하시는 아버님의 모습을 연상하시면서 젊은 대학생들에게 가슴에 와 닫는 명 강의를 해 주셨다. 예 할 때 예하고 아니요 할 때 아니요 하는 사람이 되라. 이 말씀을 우리가 일상 생활에서 실천하기란 그리 쉬운 말씀은 아니다. 그러나 장로님께서는 어렵지만 신앙인으로서 그리 사시려고 무단히 애를 써 오신다는 간증이셨다. 우리 모두가 다 그리 산다면 이 나라는 장로님이 그토록 원하셨던 깨끗한 나라 밝은 나라가 될 것이다.

수양회가 다 끝난 다음날 장로님께서는 수양회 장소에 또 올라 오셨다. 청년들이 지나간 자리를 정리를 하시기 위함이었다. 물론 우리가 수양회를 마치고 일제히 정리 정돈을 하고 말끔히 청소를 해 놓고 내려왔다. 그러나 장로님의 성격상 만족하시지 못한 것 같다. 그리고 얼마 후에 이런 말씀을 하셨다 [짐승들이 지나간 자리는 흔적을 찾아 볼 수 없는데 사람들이 지나간 자리는 항상 흔적을 남긴다고]. 한 번쯤 자기가 지나간 자리를 뒤 돌아 본다면 --- 장로님의 말씀이 귀가에 지금도 들려 오는 듯 하다.

마음을 항상 열어 놓고 사시는 분,

내 부목사 시절 한번은 교회의 교역자들을 댁으로 초대 하셨다. 예배 후에 식사를 하는데 나로서는 처음 장로님 댁을 방문도 했지만 그런 식사는 처음이었다. 놀란 것은 근검 절약하는 삶의 모습이었다. 음식을 준비하셨는데 초청한 손님들의 수에 꼭 맞게 준비를 하신 것이다. 뷔페식이였는데 하나씩 집어야 할 것은 하나만 둘씩 집어야 할 것은 꼭 두 개씩만 집어야 했다. 만약에 욕심을 낸 다면 누군가는 맛을 못 보게 될 것이다. 아예 준비부터 그렇게 하신 것이다. 나는 그날의 식탁이 너무 인상적이었다 그 식탁이 장로님의 삶이었다는 것을 알 수 있었다.

식사 후에는 자리를 옮겨 차를 마시며 대화하는 자리를 마련하셨다. 나로서는 참석하기가 참 부담스러운 자리였다. 그러나 잠시 후에는 웃음과 유머가 넘치는 화기애애한 분위기가 되었다. 이것이 장로님의 매력인 것 같다. 때로는 엄하시면서도 때로는 허탈하게 웃으시면서 자연스럽게 마음 속을 열어 대화 하시는 모습이 참으로 인상적이었다. 역시 사람 사는 세상에 이야기 대화만큼 중요한 것이 또 무엇이 있을까? 어떻게 상대방과 격을 허물어 대화할 수 있을까? 나는 그날 큰 것을 얻었다. 깔끔한 식사자리, 훈훈한 이야기 자리, 속이 통하는 대화의 자리, 이것이 사람이 사람답게 사는 길이라는 것을...

찬양 속에서 사신 분

내가 혜성교회에 출석을 시작한 것은 1965년부터이다. 그 때는 혜화동 로터리, 이화동에 서울 대학교가 있었다. 나는 1960년대 초기 혜성교회의 요람 사진첩을 보고 놀랐다. 사실은 수복 후 얼마 되지 않은 때인데 성가대의 사진을 보니 대원들의 수도 많았지만 모두가 서울음대, 이대 음대생들 이라는데 놀랐다. 그리고 장로님은 성가대 대장 직을 맡고 계셨다.

내 기억으로는 장로님 곁에는 항상 성악가들, 피아니스트들, 음대생들이 있었던 것으로 생각된다. 물론 가정의 분위기가 그리하였지만 워낙 찬양, 노래, 대화를 좋아하셨기 때문이라 생각된다. 젊은 음악가들이 부르는 찬송 속에 사신 분. 항상 팔짱 끼시고, 고개는 약간 열한 시 방향 그리고 진지하고 미소 짓는 모습이 지금도 그립다

예전의식이 몸에 배신 분,

역시 장관을 지내신 분이라 예전에 대한 생각이 남다르셨다.

내가 원로 목사로 은퇴를 하는 날에도 일찍 교회당에 올라오셨다. 어떻게 준비하고 있나 보시기 위함이셨던 것 같다. 아니나 다를까 교회 사찰 집사를 불러서 자리 배석에 대한 정리를 예전에 맞게 배열을 해 주셨다. 보통 사람들이 깊이 생각하지 못하는 것까지 세심하게 관찰하시고 돌아보시는 눈 맵시가 예사롭지 않았다.

그리고 내가 은퇴 한 후에 새로 담임 목사를 청하기 위하여 당회 위원들과 첫 대면하는 자리였다. 이날도 장로님은 일찍 모임 장소에 올라오셔서 돌아보시고 그래도 나이에 상관 없이 교회의 어른을 모시는 자리인데 소홀함이 없어야 한다고 하시며 본인의 기사를 시켜 댁에 가셔서 깨끗한 식탁보를 가져오게 하셔서 깔끔한 자리를 마련해서 첫 만남이 퍽 인상적이 되게 하신 것을 기억한다. 장로님께서는 성가대의 자리배석, 강대상의 화분 한 그루, 강대상의 위치, 교회당의 조명시설, 하나하나를 세심하게 살피시며 하나님께 예배 드리는 성도의 자세까지 일일이 살펴주셨다. 장로님께서는 위 분은 위 분대로 아래 사람은 아래 사람대로 있어야 할 곳과 갖추어야 할 것을 가르치신 정리정돈의 대명사셨다.

6.25 전쟁 이야기

아마 장로님으로서는 누구 보다 6.25를 잊지 못하실 것이다. 아버님 오택관 목사님께서 북으로 끌려가신 이후에 그 분의 생사를 알기 위하여 동분서주 하신 일, 그리 애를 쓰셨으나 확연히 듣지 못하신 아버님의 대한 마지막 임종 소식, 아마 장로님의 마음 한곳에 한이 맺혀 있을 것이다. 물론 순교하셔서 하늘나라에 가셨다는 것을 지금은 믿지만 그래도 자식으로서 부모님의 생사를 확인하고 싶은 심정이야 누구나 다를 바가 없을 것이다.

나는 장로님 댁을 심방하던 어느 날 장로님께서 보여주신 6.25당시의 여권을 보고 놀랐다. A4 용지 한 장 보다 도 더 큰 황색 용지에 미 군정청으로부터 받은 입국 여권이었다. 6.25당시 장로님께서는 미국에 [UN Fellow로 체류] 중이셨다고 한다. [관련자들]로부터 한국에 전쟁이 발발 했다는 소식을 받고는 바로 귀국을 서두르신 것이다. [주변 사람]들은 놀라서 만류했다고 한다. 그러나 조국이 위태로운 때에 어떻게 나 혼자 안일하게 있을 수 있겠는가 하시며 여러 곳에 수소문하여 일본 오키나와로 오는 [UN군(미군)] 군용기에 몸을 싣고 귀국하신 것이다. 사람들은 전쟁이 나면 다른 나라로 피신을 하는데 이스라엘 사람들은 모병에 응하여 고국으로 돌아간다는 이야기를 들었는데 장로님께서도 그 전쟁 통에 부산으로 귀국 하신 것이다. 나라를 사랑하는 정신 남다르다는 것을 알 수 있었다.

수복 후 아버님께서 시무하시던 혜성교회를 건축할 때 장로님께서는 지금의 경신학교 자리에 와 있던 미군정측에 요청 하여 교회 부지를 마련하신 일이라든가 건축 자재를 준비하신 일들은 혜성 교회 교인들이면 누구나 다 아는 사실이다.

지난 11월 추수 감사주일에 혜성교회 설립 65주년사가 발간

되었는데 장로님의 수고의 발자취가 고스란히 역사로 화보로 담겨 있다.

복지는 사랑이다

박현경
전 서울시여성가족재단 대표이사

사람을 사랑하는 것이 복지의 근본이고, 사랑은 우리가 갚아야 할 빚 입니다. 오재경 장관님은 사회복지 분야 쪽에서도 상당한 관심과 지원을 아끼지 않으셨다고 한다.

"저는 1992년부터 96년까지 오재경 회장님, 박보희 여사님과 한 건물에서 근무를 했지요. 오재경 회장님이 칠순이 넘었을 때, 박보희 선생님을 통해 만나 뵙게 되었습니다. 박 선생님은 저의 대학 스승이십니다. 박 선생님은 굉장히 친화력이 좋으시지만 통이 크시고, 오 장관님은 자상하지만 무척 꼼꼼하시고 두 분 다 각각의 성격에서 내 놓으라 할 만큼 개성들이 강해서 두 분이 어떻게 맞을까 하는 의아심도 있었습니다. 결혼하시어 두 분이 맞춰서 사시려면 애로가 많으시겠다 했는데 어느 단계에서인지 몰라도 두 분이 편안해 보이기 시작했어요. 서로 의지하며 사시는 것이 제 눈에 아주 화목하게 보였습니다."

"오재경 회장님은 보통 우리가 흔히 만나는 그런 이미지 그런 분이라기보다는 큰 어른이라는 생각을 했습니다. 항상 자상하면서 몸에서 뿜어져 나오는 에너지가 일반인들과는 달랐습니다. 오재경 장관님한테서 나오는 기(氣)는 주변을 선하게 만들었지요. 오재경 회장님과 같이 있으면 마음이 편해지고 무엇인지 몰라도 마음이 무장해제 되어버려요. 자상한 큰 오빠같이 고민을 털어놓으면 자세히 상담해주고 케어 해주셨고 멘토 같은 선생님이셨습니다."

"그리고 오재경 회장님 댁에서 파티를 많이 했어요. 개인 주택이니까... 생신날이라든가 행사가 있으면 선생님 집 마당에서 가든파티를 했지요. 오 회장님은 음식 뿐만 아니라 소소한 것까지 다 챙기셔서 손님들을 놀라게 하고 기쁘게 하셨습니다. 벌써 20년 전의 일이 되었네요. 나는 1층 연구실에서 근무했고 박보희 선생님은 2층에서 근무했고, 아래층은 오재경 회장님 사무실이었어요. 안채하고 통하게 건물 하나를 지으셔서 사무실로 사용하신 거지요. 저는 퇴근하면서 사무실을 대충 치워놓고 나오는데 아침에 출근해보면 연구실 안을 누군가가 깨끗이 치워 놓은 거예요. 알고 보니 오 회장님이 쓰레기통도 비워놓으시고 유리창도 닦아 놓으시고 그렇게 깨끗하게 치워 놓으신 거였습니다. 저희가 오면 기분 좋으라고 하셨다는 거예요. 그러니 제가 민망해서 그 후로부터는 퇴근 때에는 미리 청소를 하게 되더군요. 오 회장님이 미리 솔선수범을 보이시니 제가 자동으로 하게 되었습니다. 그리고 대문은 그 사람의 얼굴과도 같은 것이니 [그곳에] 빗자루나 지저

분한 것을 놓는 것이 아니라고 말씀하셨습니다. 생활 속에서 오 회장님을 뵌 것이죠. 그래서 지금도 집에서 아이들에게 오 회장님한테 배운 것을 교육시키고 있습니다."

"그리고 오 회장님은 젊은이들의 거리인 대학로를 굉장히 좋아하셨어요. 집하고 대학로하고 가까워서 자주 박 선생님과 저와 함께 대학로에 나가서 젊은이들의 낭만적인 생활을 보시곤 하셨습니다. 또 가을이 되면 국화, 봄이면 봄꽃나무를 직접 사다가 살짝 사무실 계단에 갖다 놓으시며 저희들이 행복하는 모습을 보시곤 빙긋이 웃으시곤 하셨습니다. 또 자택 마당에 나무들이 많아서 매일 손수 마당을 쓰셨는데 가을에는 아침저녁 낙엽을 쓰셔서 잔디가 전부 벗겨져 버렸던 애피소드도 기억이 납니다."

"오재경 회장님 사무실은 늘 정리정돈이 깔끔하게 되어있습니다. 서류와 사진들을 분류하여 다 정리를 해놓으실 정도로 꼼꼼하셨고, 탁자는 늘 손님들이 좋아 할 만 한 책이나 간식이 놓여 있었죠. 늘 정갈하시고 남을 배려하는 마음이 많으셨습니다. 늘 남을 대접하는 오재경 회장님을 뵈면서 참으로 큰 어른이라는 생각이 한 적이 많습니다. 가끔 오 회장님 생각이 납니다. 작고하신지가 3년이 되어 가지만 그 어르신이야 말로 지금 현 시대에 꼭 필요한 분이라는 생각이 듭니다. 요즘 경제가 어렵고 개인주의가 팽배한 사회에 그 어르신의 정신(精神)을 사람들이 배운다면 세상이 좀 더 안정 되지 않을까 하는 생각이 드네요. 오재경 회장님이 늘 하시던 말씀 중에 '더불어 사는 사회를 위해 한 알의 밀알이

된다면 이 한 몸 바칠 수 있으리'라는 말씀이 생각이 납니다. 그리운 오재경 회장님 사랑합니다."

"앞으로도 오재경 회장님의 하신 말씀 중에 더불어 사는 사회를 위해 약한 자의 편에 서서 일하는 정신이 이어지도록 여러분의 지도와 격려를 부탁드린다."라는 마무리 코멘트를 끝으로 오재경 회장님을 추억하는 다정다감한 인터뷰를 마쳤다.

정리: 안지언

우리나라 언론과 문화의 초석을 다지신 분

방우영
조선일보 상임고문

내가 오재경 장관을 만난 것은 오십여 년 전의 일이다. 그때 나는 신문기자였고, 문교부에 출입하고 있었다. 이선근 문교부 장관 부속실에서 한 젊은 친구를 만났다. 옷차림이 단정하고 용모도 수려한 그 청년은 영문으로 타이프를 치고 있었다. 유난히 눈길을 잡아끄는 청년이었다. 나는 비서실장에게 그 친구가 누구냐고 물었다. 그랬더니 유네스코에 보고할 교육관계연구조사 결과보고서를 만드느라 잠시 나와 있는 오재경이라는 청년이라고 답했다. 그렇게 나는 오재경 장관을 처음 보았다.

나는 가끔 오재경 씨와 만나 깊은 대화를 나누었다. 한 예로 이승만 박사시절 한글 파동이 일어났을 때 나는 오재경 씨의 도움을 받아 기사를 쓸 수 있었다. 상황이 어떻게 돌아가는지 앞으로 어떻게 될지 오재경 씨는 나에게 이런저런 이야기들을 해주었다. 그렇게 우리의 교분은 쌓여갔고, 두터워갔다.

1953년인가, 오재경 장관이 공보실로 발령받아 경무대에 들어가 근무할 때였다. 하루는 오재경 장관한테서 전화가 걸려왔다. 좀 보자는 것이었다. 나는 궁금한 마음으로 한달음에 달려갔다. 오재경 장관은 나를 보더니 심각한 표정으로 용건을 이야기했다. 그러니까 국무회의 석상에서 김활란 박사가 조선일보 제호를 바꿨으면 좋겠다는 의견을 내놓았다는 것이다. '조선'은 조선인민공화국에서 쓰는 '조선'과 어감이 같아 왠지 거북하다는 것이다. 그러니 아무래도 조선일보가 이 같은 사실을 알고 있는 것이 좋을 것 같아 미리 귀띔을 해주는 것이라고 했다.

나는 그 길로 신문사로 들어와 이 이야기를 간부들에게 전했다. 간부들 역시 나와 똑같은 생각이었다. 조선일보 제호를 바꾸는 일은 말처럼 그렇게 쉽지 않았다. 제호를 바꾸게 되면 반세기에 이르는 조선일보 역사가 하루아침에 흔들리는 거나 다름없었다. 신문사에서는 회사의 존립을 걸고 '조선'을 지키기 위해 부심했다. 그런 노력 덕분에 이승만 박사는 "조선은 우리나라의 고유명사다. 그러니까 조선이라는 이름이 문제될 게 없다. 제호를 바꾸지 말고 조선일보 그대로 쓰라"고 이 문제를 정리해주었다.

그때 오 장관님이 없었더라면 아마 조선일보의 운명은 달라졌을지도 모른다. 그러니 나에게나 조선일보에게 오재경 장관님은 얼마나 고마운 분인지 모른다.

내가 살면서 많은 사람을 만났지만 그 중에서도 특히 두 분은 잊을 수 없다. 그 중 한 분이 바로 오재경 장관님이다. 수려한 용모에 댄디한 신사가 바로 오재경 장관님이다. 그런 분이 5.16 혁명 이후 공보부 장관으로 발탁되었을 때 나는 참 다행스러운 일이라고 생각했다. 헌데 어느 날 오재경 장관님이 나를 찾으셨다. 이번에는 또 무슨 일일까 궁금한 마음으로 나는 오 장관님을 찾았다. 그랬더니 오 장관님께서 넌지시 나에게 경고를 하셨다. 박 대통령이 부정부패 언론과 언론인을 처벌할 생각으로 그와 관련한 법을 만들고 있으니까 잘하라는 것이었다. 그러면서 몇 명의 이름들을 일러주기까지 했다. 나는 감사한 마음으로 인사를 드리고 다시 신문사로 돌아와 이 같은 내용을 간부들에게 알렸다. 덕분에 우리 신문사는 부정부패 척결에 나섰고, 사정의 칼날로부터 피해갈 수 있었다.

그분을 지켜보면 지켜볼수록 참 지혜롭고 훌륭한 사람이라는 것을 알 수 있다. 나에게 삼성의 이 회장처럼 우리나라에서 가장 바쁜 사람 세 사람을 꼽으라면 나는 주저 없이 오 장관님을 꼽는다. 오 장관님의 수첩을 보면 깨알 같은 글자들이 빽빽하게 적혀 있다. 스케줄이 가득해 까맣게 보이는 그 수첩이 하도 신기해 나는 그 수첩을 사진으로 찍어두기까지 했다. 언젠가 오 장관님에 대한 글을 써야지 하는 마음도 있었다. 수첩이 까맣게 보일정도이니 그분의 하루가 어떠했으리라고 짐작이 갈 만하다. 아침부터 저녁까지 동분서주, 정신없이 바빴다. 그렇다고 건성으로 일을 처리하지 않으셨다.

오 장관님이 공보부 장관으로 계실 때, 나는 한국영화발전을 위해 청룡영화상을 만들었다. 명동에 있는 시민회관에서 첫 시상식을 갖는데, 감사하게도 오 장관님이 식이 열리기 이틀 전부터 오셔서 조명에서 진행과정, 절차에 이르기까지 하나하나 다 챙겨주셨다. 생각해보면 나는 살아오는 동안 오 장관님에게 퍽이나 많은 사랑과 은혜를 입었다.

오 장관님은 안 좋은 일을 당했을 때도 참 의연하셨다. 한번은 혜화동에 있는 오 장관님 댁이 불이 나 모든 것이 타버렸을 때 나는 그저 위로밖에 더 드릴 것이 없었다. 내가 어떻게 위로의 말씀을 드려야 할 지 모르겠습니다라고 말씀 드렸더니, 오 장관님은 너무나 맑은 표정으로 대답하셨다. 재산이라는 것은, 그러니까 재물이라는 것은 있다가도 없고, 없다가도 있는 것이니 걱정하지 말라고. 정말 타버린 그 재물에 미련이 없어 보이는 얼굴이었고 표정이었다. 생각하면 생각할수록 참 깨끗한 분이 바로 오 장관님이셨다.

우리나라에 이 분만한 사람이 또 없다. 문화부 장관을 하시면서 케이비에스(KBS TV)를 창설한 것도 오 장관님이셨고, 또 관광공사에 계시면서 황폐한 한국관광을 진흥시키고 발전시키려 노력한 분도 바로 오 장관님이셨다. 한국이 이만큼 관광한국으로 자리를 잡은 데는 그분의 공도 크다.

그분은 언론계에도 계셨다. 장관님이 동아일보 사장으로 계실 때 우리는 그 분에게 동아일보가 발행인협회 회장을 맡아달라고 간청 드린 적이 있었다. 그분이 딱 적임자였고, 모든 사람이 동의해서 이루어진 일이었다. 그랬더니 그분은 고사하셨다. 욕심도 없고 미련도 없으니까 다음에나 한번 생각해보자고 우리의 청을 거절하셨다.

그분은 무엇보다 명분과 의리와 정의를 먼저 생각하신 분이었다. 세상을 살다보면 공명이나 명예, 그런 것에 욕심이 날만도 하지만 오 장관님은 그런 것에는 초연하셨다.

그분과 관련해서 한국 로타리 클럽를 빼놓을 수 없다. 내가 연세대학교 재단 이사장을 맡고 있을 때였다. 하루는 오 장관님이 점심을 먹자고 나를 초대했다. 그 분은 그 자리에서 나에게 한 가지를 제안했다. 연세대학교 출신 동문들이 이십만 명이 넘었는데 로타리 클럽 하나를 만들라는 것이다. 나는 부끄럽게도 그 때 로타리가 어떤 클럽인지 알지 못했다. 나는 오 장관님에게 로타리가 뭐하는 클럽이냐고 물었더니 친절하게 설명해주셨다. 그러면서 연세대학교 교육 이념이 사랑과 봉사의 정신인데, 로타리 클럽 역시 사랑과 봉사를 위해서 활동하는 국제적인 봉사기관이니 맞춤하지 않느냐고 말씀하셨다. 그러니 연세대학교가 앞장서서 클럽 하나를 만들라고 주문하셨다. 나는 그렇겠다고 대답했다. 그리고 뒤편의 무악산의 이름을 따 우리회의를 무악로타리 클럽으로 명명하고 일주일에 한번씩 모임을 갖게 되었다. 때문에 오 장관님과는 일주일에 한번씩 만나게 되었다.

사실 바쁜 사람들이 모여 있는 곳이 로타리 클럽인데 일주일에 한번씩 만나려니 이만저만 어려움이 따르는 것이 아니었다. 그래서 나는 오 장관님에게 회원들의 고충을 말씀드렸다. 다들 바쁘니 한 달에 한번만 모이면 족하지 않겠냐고. 그랬더니 오 장관님은 단호하게 안 된다고 말씀하셨다. 그때 오 장관님은 국제 로타리 클럽의 이사를 맡고 계셨다. 오 장관님은 나더러 로타리 클럽과 봉사에 대해 공부해보라며 캐나다 캘거리에서 열리는 로타리 총회에 나를 데리고 가셨다. 가서보니 쟁쟁한 인물들이 다 모여 있었다. 그들은 그곳에 모여 기금을 모으고, 그 기금으로 어려운 이웃을 돕고, 아프리카 기아들을 돕고 있었다. 버는 만큼 그들은 자신들의 것을 나누고 있었다. 나는 로타리가 훌륭한 국제 기구라는 것을 실감할 수 있었다. 그렇게 오 장관님의 주문으로 무악로타리를 만들어 지금까지 봉사를 계속하고 있다. 지금은 회원 수도 이백 명을 넘는다.

지금 생각해보면 오 장관님은 참으로 많은 일들을 하셨다. 문화공보부 장관으로서 문화, 예술은 물론, 관광공사에 계시면서 한국 관광 진흥에 참으로 많은 업적을 남기셨다. 또 언론계의 어른으로, 동아일보 사장으로 한국 언론의 자유를 위해서도 많은 공을 세우셨다.

그 분은 다재다능한 분이셨다. 그리고 그 다재다능함만큼이나 업적도 대단하다. 그 업적들을 일일이 다 열거할 수는 없지만 그분이 있었기에 우리나라는 많은 부문에서 초석을 다질 수 있었다고 생각한다.

그분은 연세가 드셔도 어디 한 곳 흐트러진 데가 없었다. 어느 모임이고 간에 빠지지 않고 나와 힘닿는 데까지 도와주셨다. 나중에는 부인이 휠체어를 밀고 나와 끝까지 동참해주었다. 내조의 힘은 젊을 때도 그랬지만 장관님께서 연세가 드신 후로도 컸다고 생각한다. 그 내조의 힘이 장관님이 그토록 열정적으로 일을 할 수 있도록 만든 원동력이 되었을 거라고 생각한다.

그런 훌륭한 분이 계셨다는 것은 우리의 행복이자 나라의 행복이다. 돌아가시는 순간까지 품위를 잃지 않고 꼿꼿하게 계시다 간 것은 아마도 그 분의 성품 때문이었을 것이다. 물론 내조의 힘도 한몫했다.

이 자리를 빌어 그분의 업적과 활동을 밝힐 수 있게 되어 무척 행복하고 고맙다.

거듭 감사하다.

한국 음악예술의 초석을 놓으신 분

신수정
서울대 명예교수
대한민국 예술원 회원

내가 오재경 장관님을 처음 뵌 것은 서울예고 학생이었을 때, 즉 육십년 전쯤 일이었다.

정진우 선생님께서 비엔나 유학을 가시게 되어 신재덕 선생님께 배우게 되면서부터이다. 선생님께서는 한참 활약하시던 오 장관님을 보필하랴 이화여대에서 가르치시랴 제일 바쁘신 때여서 선생님께 레슨을 받는다는 것은 커다란 행운이었다. 선생님 댁으로 레슨을 받으러 혜화동 언덕을 올라갈 때면 동화의 나라로 들어 가는듯한 마음이었다. 반들반들 윤나게 닦여진 마루, 응접실 그랜드 피아노, 청주에서 갓 올라와 북아현동 쪼그마한 집에 살던 내겐 궁전 같았다.

선생님께서 특별이 예뻐하시던 이경숙 (연대 명예교수), 윤미재 (이대 명예교수)들이 앞서거니 하면서 함께 레슨 받던 친구들이었다.

오 장관님께서는 우리나라 오케스트라의 발전에 가장 큰 공로자이신 것은 누구나 다 아는 사실이다. 오 장관님께서 공보실장으로 계셨을 때, 1956년에, KBS교향악단 창단의 산파 역할을 하셨고, 임원식 선생님께서 초대지휘자로 취임하셨는데, 경제적 이유로 1959년 해체된 동 교향악단이 재 창단 될 수 있었든 것도 1961년 문화공보부 장관으로 다시 취임하신 오 재경장관님의 뒷받침이 있어서 가능했었다.

나의 고등학생 때 협연도...

또 우리 아버지께서 경기도 장학관으로 올라오셔 계속 문교부에 계신동안도 많이 격려해주셨기에 어머니께서는 늘 감사해 하셨다.

신재덕 선생님께서는 늘 밝은 미소로 많은 레퍼토리를 가르쳐 주시고 귀여워 해 주셨는데, 예고 졸업 흐 함께 트리오 하던 친구들 따라 서울대로 가는 것을 너그럽게 받아주신 아량을 가진 분이셨다.

비엔나 유학 후 귀국독주회전에 그 당시엔 생각도 못했던 하우스 콘서트를 여러 주시고 많은 음악가들을 초대하셔 소개시켜 주시고, 연주를 하도록 주선 해 주셨는데 이런 일들의 계획은 으레 히 오 장관님의 몫이셨다.

바쁜 일상 핑계로 '자주 못 뵙고 지냈지만 가끔씩이라도 찾아 뵙는 혜화동은 화재로 새로 지었건 다세대처럼 새로 지었건 안주인이 바뀌었건 정갈한 그 분위기는 변함없었다.

1989년 국제로타리 서울대회 때, 로타리를 통해 맺으신 오랜 친구 센다이의 간노 다리오 박사의 아드님 쥰 간노의 서울 공연도 밀어주시고, 그 후에도 쥰이 서울연주로 오면 따뜻하게 맞아주셨는데, 언젠가는, 우리어머니까지 초대해주신 자리에서 어머니가 박보희 여사님과 경성여자사범 동창이신 것도 알게 되어 즐거워 하셨든 일 생각난다.

쥰의 아버님 간노 박사께서는 서울에 오셨을 때 90후반 노구에도 불구하고 의정부 꽤 가파른 언덕을 올라 먼저 가신 친구 묘소를 찾으셨다고 들었다.

은퇴 후 휠체어에 의지 하시게 된 후에도 내 연주 때는 박 보희 여사님과 함께 어려운 걸음을 해 오셔서 행복해하셨다.

돌아가셨을 때는 외국에 있어 장례 때도 못 뵙고 생전에도 자주 찾아뵙지 못 한 게 후회스러울 뿐이다.

그렇지만 세배가면 크리스마스카드를 진열해 놓으신 데서 내 카드를 찾아내시고 옛날을 돌아보시며 섬세한 데까지 신경을 써주시던 추억의 단편들은 새롭기만 하다.

감사와 존경과 그리움의 마음으로 저도 조금이라도 살아가신 길을 흉내 내보려고 노력하려 한다.

정리: 신현덕

신수정 교수 프로필
서울대 음대교수, 경원대 (현 가천대) 음대 학장, 서울대 음대 학장 역임, 대관령 국제음악제 추진위원장

실천가로서의 선생님

신우재
죽포회 회장
전 청와대 대변인

죽포회는 지난 해 6월 달에 첫 모임을 갖고 발기했습니다. 앞으로 기획은 내년 상반기까지 죽포 선생을 기리는 책을 한번 내보자. 이런 취지에서 일을 시작을 했습니다. 그래서 현재 죽포 선생을 알고 지내시던 분들의 회고담을 문서로 또는 녹취로 모으고 있고 이제 앞으로 자료가 정리되는 대로 내년 상반기까지는 책을 내도록 지금 추진하고 있습니다. 여기 오신 사람들은 죽포 선생에 대해서 누구보다 많이 아시는 분들이고 가까이 지내셨던 분들이니까 앞으로 자료수집 하는 일에 적극적으로 협조해 주시기 바랍니다.

저는 죽포 선생님이 1919년 기미년 생이니까 양띠이시죠. 저는 그보다 24해 뒤에 태어났습니다. 그러니까 연배로 보면 아버님뻘이고 제 아버님도 1916년생이니까 연배가 비슷한데 인생의 족적에 있어서 보면 제가 마흔 살에 시작해서 주로 문화공보부에서 한 15년 있었습니다. 그 과정에서 오재경 선생님의 지난 날의 발자취 같은 걸 많이 볼 기회가 있었습니다. 그리고 오늘 날 우리 사회상을 생각하면 오재경 선생님이 당시로서는 대단한 선각자였다는 생각을 하게 됩니다.

우선 그 분은 좋은 크리스천이고 좋은 로터리 일원으로서 신의로서도 훌륭하였지만 공인으로도 대단히 훌륭한 분이었습니다. 왜냐면 우선은 실천가였다는 점이 이 분의 두드러지는 특징인 것 같습니다. 이 분은 어디를 가든지 족적을 남기셨는데 이를테면 텔레비전 방송을 보면 처음 배우였다던가 라디오를 전일 방송을 시작 했고, 남양 성신서원을 세워가지고 출력을 대폭 증강해서 북한산에서도 들을 수 있게 했다던가, 전통문화 예술을 공연하는 원각사 극장을 지으신 적도 있고 일본 정무총관 관저가 있던 자리를 코리아하우스로 만들었습니다. 많은 외국인들과 우리 한국 사람 까지도 포함해서 우리 전통문화를 보여주는 장소로 만들었고 그 밖에도 남산 그러니까 일본사람들이 외성제라고 해서 경복궁을 향해서 대포를 묻어뒀던 그 자리에 KBS방송국을 세우셨죠. 그것도 오 장관님이 하신 일이고, 또 경복궁을 처음 개방한 것도 오 장관님이 하신 일이고, 그러니까 이 분의 족적을 보면 영화, 미술, 음악, 방송, 신문, 관광, 사회 복지, 로터리 두루두루 안 통한 데가 없습니다. 실천가로서의 선생님을 보게 됩니다.

그래서 이 분이 남긴 책들을 읽어 보면서 어떻게 이렇게 실천가가 되는가? 그런 것을 추적을 해보니 선생님이 처음 시작을 하신 것이 화신 백화점에서 경력을 시작하셨는데 기업가 마인드를 그 자리서 쌓으셨구나, 이런 생각을 하게 됩니다. 그러니까 기업가 마인드를 가진 공직자, 실천하는 공직자, 말로 안하고 실천으로 보여주는 공직자, 청렴한 공직자라는 것이 꼭 붙어야겠습니다. 이 분이 한 때 구설수에 휘말려 가지고 고통을 당하시긴 하셨지만 평생 청렴하게 사신 분이시고 어떻게 그럴 수 있었나 보니까 어느 글에다가 '부인을 잘 만나서 그렇다.' 라고 쓰셨더라고요. 살림은 부인께 다 맡기고 이렇게 지내시고 자기는 공무만 보셨고, 또 한참 시달리고 부정 축재라는 아주 터무니없는 누명을 쓰고 시달리셨을 때 어떤 글에다가 그런 말씀을 하셨어요. 누구든지 나하고 같이 생활을 공개하자. 이거에요 그러니까 '내가 사는 것이 어떻게 사는 것인지 생활비를 어떻게 조달해서 어떻게 쓰고 사는지 공개할 용의가 있다.' 이런 말씀까지 하신 적이 있으셨어요. 나중에 그 누명이 다 풀리고 그래서 군사정권 문공부 장관시절에 공보실장 시절에 못하셨던 TV 방송국도 세우시고 남양 송신소도 마련하셨던 것입니다.

제가 너무 길게 얘기하면 주제가 넘는 일이고 이런 얘기를 해주실 분들은 여기에 많기 때문에 말씀 이만 줄이고 다만 내년 상반기까지 책이 나올 수 있도록 원고를 써주셔도 좋고 말씀을 해주셔도 좋고, 또 이런 말씀을 해주실 분을 소개해주셔도 좋고 이런 여러 가지 방향으로 적극 도와주길 바랍니다. 감사합니다."

죽포 95세 생신 기념모임에서 (2015.8.)

오재경 아버님 생각

吉田昌弘
일본 국제로타리 클럽 회장

위엄 있고도 다정하여 사람을 배려하는, 자애 넘치며 핸섬한 진정한 신사이셨던 아버님. 이제는 꿈에서 밖에 만나 뵐 수 없습니다.

오늘의 내가 있게 된 것은 오재경님과의 만남에서 시작되어 긴 거리를 물 흐르듯 차분하게 천천히 그리고 때로는 엄격하게 그때 그때에 맞추어 가며 계속 걸어왔습니다.

1985년 후쿠시마현 하라미치시(福島県原町市)에서의 RI(국제로타리) 253지구(후쿠시마현과 야마가다(山形)현) 대회에 오천명 가까운 등록회원이 모였었는데 저도 그중 한사람이었습니다.

입회하여 아직은 일천(日淺) 한 회원이었기 때문에 로타리를 잘 이해하지 못한 채 참가하였는데 오재경 국제 로타리 회장 대리의 인사말씀에 강력한 인상을 받은 사람 중 한사람입니다.

평범한 무명의 젊은 로타이안을 사로잡은 말씀은 "천명의 친구가 있어도 단 한사람도 없어서는 안된다."는 격언을 실행하여 우리들 한사람 한사람의 로타리안에 의하여 이 로타리가 살아있다. 로타리는 로타리안 모두가 헌신하는 봉사가 쌓여 이루어지는 것으로 참가하는 것만으로 행복을 찾아 키우는 것입니다. 라는 것이었습니다.

우정과 애정에 넘치는 그리고 꾸밈없이 친절한, 누구 하고도 사이좋게 하고자 하는 인품에 홀딱 반하여 친근감을 갖게 되었습니다. 바로 이분이 선배 로타리안으로써 멋있는 분이라고 생각하였습니다. 만나 뵙게 된 기쁨에 가슴이 벅차고 흥분하였습니다. 악수하려 내민 손의 따뜻함이 지금도 잊을 수가 없습니다.

厳しくて、そして優しい、人を思う心の慈愛に満ち溢れた
ハンサムで本当の紳士であった素敵なお父様
もう夢でしかお会え出来ません。

私が今日あるのは、呉在璟様との出会いから始まり
長い道程(のり)を川の流れのように、穏やかにゆっくりと
ときには厳しく激しく時の過ぎゆくままに歩み続けてまいり
ました。

1985年 福島県原町市でのRI第2530地区(福島県と山形県)
大会で2000人近い登録会員の私も一人でした。
入会して未だ日の浅い会員でしたので、ロータリーを良く理解
できずに参加しましたが、呉在璟RI会長代理挨拶に
強烈な印象を受けたひとりです。

平凡なまったく無名の若いロータリアンを虜にしたのは
"千の友ありとも誰一人ないがしろにすることは出来ない"
と言う格言を実行し、私達一人一人のロータリアンによって
このロータリーが生きている。ロータリーはロータリアン全てが
献身した奉仕の積み重ねで、参加することにより
幸せを見い出し育むことです。

友情と愛情に満ち溢れた、そして飾り気のない気さくな
誰とでも仲良くしようという、お人柄に惚れ込んでしまい
親近感を持ちました。
正に先輩ロータリアンとし素晴しい方と思いました
巡り合った喜びで胸が一杯でした、興奮しました。
握手した、差し出した手の温もりが、今でも忘れることが
できません

지진의 결과가 너무나도 큰 불행을 가져왔는데 아무 일도 할 수 없는 무력함을 느끼는 나날입니다.

이 불행에서 다시 일어나는 여러분이 되기를 기도하는 마음입니다.

당신에게 무엇을 해 줄 수 있을까 마음이 아픈 나날입니다. 끊임없이 다시 일어서는 당신이기를 바라고 있습니다. 후쿠시마(福島)에 적합한 이름이 되어주기를 기도하고 있습니다. 吉田씨 이름에 적합한 여러분의 나날이 되어주기를 바라는 것이 내 마음입니다.

오재경, 박보희

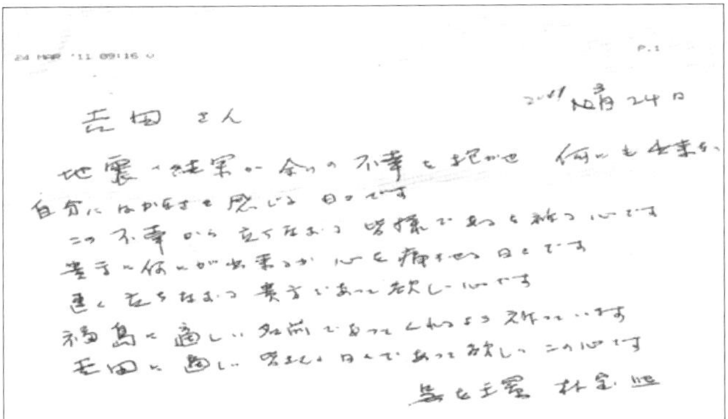
24 MAR '11 09:16　P.1

吉田さん　2011年3月24日

地震の結果が余りの不幸を招かせ 何にも出来ない
自分に無力さを感じる日々です
この不幸から立ちなおる皆様であると祈る心です
貴方に何かが出来るか心を痛ませる日々です
早く立ちなおる貴方であって欲しい心です
福島に適しい名前であってくれるよう祈っています
吉田に適しい明るい日々であって欲しいこの心です
呉在景 朴宝熙

2008. 11. 8(FA 964-5615)

吉田昌弘(요시타 마사히로)씨와 그아내에게,

뜨거운 우정과 친자의 애정을 느끼게 해준 당신에게 감사하게 생각합니다.

손에 손잡고 만들어 내는 벗의 고리
고리에 고리를 연결해서 만들어 가는 우정
손에 손 고리에 고리 넓히고 돌면서
하나의 마음으로 오-로타리안 오-로타리안

아내에게 안부 전해주고 모토요(基世)양에게도…

그 아이의 마-칭밴드 한국공연을 보고 들을 수 있는 날을 기다리는 맘입니다. 내가 소속하고 있는 로타리 클럽이 지난 목요일 밤 창립 81년의 밤을 지냈습니다. 당신이 로타리를 바탕으로 하나의 마음으로 살기를 비는 맘입니다. 정말 감사한 재회였습니다.

오재경, 박보희

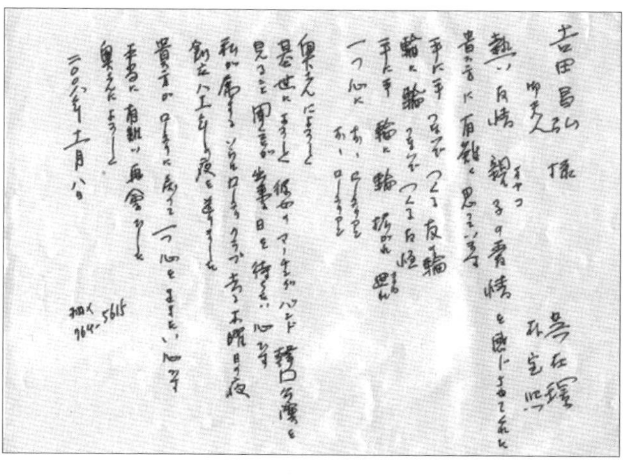

2011년 3월 16일

吉田昌弘(요시타 마사히로)씨

너무나도 불행한 사건이었습니다.

이와같은 슬픈 이야기가 이 세상에 있다는 사실이 너무나 슬프고 쓸쓸한 일입니다. 꿈에라도 이런 일이 없는 세상에 함께 사는 우리들이기를 바라는 바입니다. 너무나도 마음이 괴로운 나날임을 울고 있습니다.

90여세 . .

봄을 기다리는 밤입니다. 따뜻한 봄을 함께 하고 싶습니다.

가족 모두가 즐거운 나날을 보내시기를 빕니다.

건강하게 지내세요. 오재경

번역: 신용자

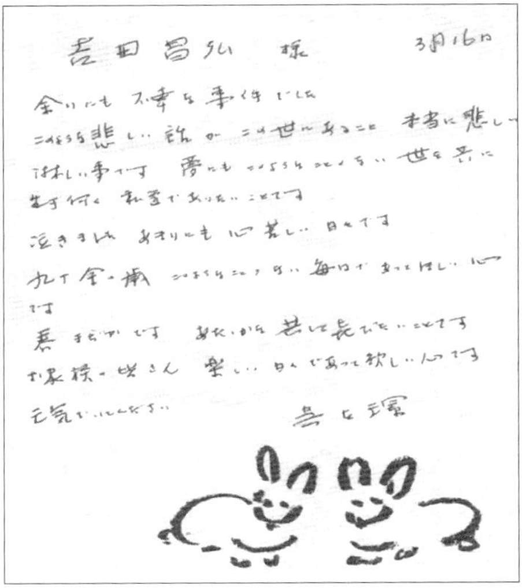

吉田昌弘 様　　3月16日

余りにも不幸な事件でした

このような悲しい話がこの世にあること本当に悲しい

한국로타리의 거목
죽포 오재경 선생님을 회상하며

유정열
국제로타리 3650지구 전 총재

세계에서 가장 역사가 오래되고 가장 훌륭한 봉사클럽인 로타리는 1905년 2월 23일 미국 시카고시에서 젊은 변호사 폴 해리스(Paul P. Harris)에 의하여 창립되어 시작되었다. 현재 세계 200개 이상 국가 및 자치령에 122만여 로타리 회원들이 "초아의 봉사"를 직업봉사, 사회봉사, 국제봉사, 청소년봉사 등 각 분야에서 전개하고 있다.

로타리의 목적은 인간관계를 개선함으로서 보다 더 좋은 사회를 건설하여 평화로운 세계를 이룩하는데 공헌하는 것이다. 로타리 창시자 폴 P. 해리스는 1935년에 발간한 그의 자서전 "로타리안 시대"에서 로타리 운동은 상대방의 입장에 서서 자기가 얻은 행복을 자기보다 어려운 처지에 있는 사람들에게 나누어 주고, 나에게 주어진 풍성함을 환원해서 되돌려주는 일로 이 세상을 보다 밝고 아름답게 하는 운동이라고 말했다. 즉 로타리는 사랑을 말로서가 아니라 행실로 하는 운동인 것이다. 인간의 참된 행복을 위해 서로가 남의 입장에 서서 돕는 일로 얻어지는 기쁨을 산출하는 곳인 것이다.

저는 죽포 오재경 선생님을 1954년 여름에 처음 만났다. 도미 유학을 결심하여 워싱턴 주 풀만(Pullman) 시에 있는 워싱턴 주립대학에 입학하기 위해 출국 수속을 하고 있을 때였다. 명동에 있는 지금의 롯데백화점 건너, 구 한전 건물에 문교부가 자리 잡고 있었고 김법인 선생님이 문교부장관으로 계셨고 오재경 선생님이 어려운 외국유학생을 지도하는 장학관으로 활동하고 계셨다.

지금 한국에서 122만이 넘는 로타리안 들이 활동하고 있지만, 죽포 선생님이 그 당시 만난 사람이 나 뿐은 아니라 생각하며, 우리들은 그 당시 로타리안은 아니었고, 죽포 선생과 다시 만난 것은 제가 서울로타리에 가입한 1968년 4월 24일 이며, 그 무렵에 죽포 선생도 가입하신 것으로 알고 있다.

제가 미국에서 정치학 학사, 석사, 박사학위를 취득한 후 이집트, 카이로, 아메리칸 대학에서 4년간 봉직한 후 귀국하여 외대교수로 부임하고 있을 때였다. 죽포 선생님은 1966년에 서울RC회장을 역임 하셨고 저는 1982년에 클럽회장직을 맡았었고 로타리에 대한 지도를 많이 받고 인간적인 지도도 많이 받았으며 그 은혜를 아직도 소중히 간직하고 있다.

우리나라의 로타리 운동은 일제하 1927년에 경성RC가 창립되고 국제로타리 가입이 승인 된 것이 그 시초였다. 시작은 주한 미국인 선교사들이 뜻을 모아 RC를 결성하려던 것을 일본총독이었던 남차랑(南次郎)이 가로채어 27명으로 시작 하였는데, 그 중에는 그 당시 동아일보 사장이었던 김성수 선생님과 문인 이었던 주요한 선생님이 포함되었던 것으로 알려지고 있다.

그 후, 1935년 부산RC, 1937년 평양RC, 1938년 대구RC가 창립되었으나, 제2차 세계대전 발발로 활동이 중단 되었다가 해방 후 1949년에 경성RC가 서울RC라는 새 이름으로 재발족하였고 그 후 1952년에 부산RC, 1954년 대구RC, 1955년 한양RC, 1957년 인천, 전주, 대전RC, 1958년 남부산RC, 1961년 청주RC, 동대구 RC가 창립되었다.

한국로타리는 회원 59,914명을 보유한 세계 3위 규모의 조직이고, 로타리 재단 기여도에서도, 미국, 일본, 인도에 이어 4위의 로타리 강국으로 부상하였으며, 1989년 로타리 세계대회를 잠실에서 성공적으로 개최 하였으며, 죽포선생님이 전 국제로타리 이사로서 대회조직위원장의 역할을 맡아 성공적으로 대회를 끝내셨다. 그 당시 저는 청소년교환 임원회의 의장으로서 여러 서울로타리 임원들과 맡은바 소임을 충실히 하였다.

국제로타리에서 한국로타리의 위상을 높이는데 죽포 선생은 전심전력을 다 했을 뿐만 아니라 서울RC를 돌보는데도 여념이 없었다. 젊은 회원들이 열심히 노력하는 한편 그들 못 지 않게 클럽 사찰 역할에도 본인의 깔끔한 성격답게 회원, 손님, 비품 관리, 장식품 배치 등에까지 애쓰시고 관리도 하셔 모든 회원들에게 본보기가 되셨다. 진취적이면서도 보수적인 면도 엿보였는데, 한 예를 보면 우리 클럽회원으로 여성회원 영입이 딴 클럽보다 7년 정도 늦어 빈축을 산 일이 있었다. 혹시나 하고 조심성이 있었던 까닭이었던 것으로 보였다.

한국로타리와 국제로타리는 죽포 선생님과 더불어 지금까지 성장해왔으며, 그 발전은 죽포선생님과 더불어 영원히 함께 할 것이다.

柳正烈 / 한국외국어대학교 명예교수

은총(恩寵)의 체현(體現)을 늘 사모(思慕)하신 오재경(吳在璟) 장로님

李啓準 謹識
혜성교회 신도
서울대학교 자연과학대학 명예교수

죽포(竹圃) 오재경님은 우리나라 대한민국의 건국 초기부터 행정부, 언론계, 사회단체, 기독교 교계, 등 여러 분야에 봉직하시었으므로 이에 따른 직함을 다 열거하기는 쉽지 않을 것이다. 그런데 그 많은 직함 중에서 '장로(長老)'라는 직함을 가장 감사하다고 오 장로님은 말씀하셨다. 목사님의 장남으로 태어나시어 기독교 신앙으로 양육되시었고 이 신앙 중심으로 가치를 세우시며 여러 기관에서 헌신하시었지만 혜성교회에서의 시무장로 직분은 그 어느 것 보다 더 귀하게 여기시고 헌신하신 것으로 사료된다.

오 장로님의 엄친(嚴親)이신 故오택관 목사님은 장로회 교회의 초기에 교계를 인도하신 목사님이시다. 오 목사님은 1950년 7월 초에 남침한 북의 공산당에 납치되시어 강제로 북으로 이송되시었다. 이후 생사를 직접 확인 할 수가 없는 가운데 혜성교회는 오택관 목사님 탄생 100주년 기념예배를 드렸다. 이 기념예배에서 오 목사님의 약력이 다음과 같이 낭독되었다.

오택관(吳澤寬) 목사는 1887년 5월 17일에 황해도 옹진군 북면 봉소리에서 오창선(吳昌善)의 아들로 태어나시었다. 일제에 쫓겨 서울에서 피신하던 중 피어선 성서학원을 수료하시었다. 1925년부터 묘동(妙洞)교회, 하교(下橋)교회에서 전도사로 시무하시는 중에 평양신학교에 입학하여 1926년(제19회)에 졸업하시었다. 같은 해 경충노회에서 목사 안수를 받으셨다. 당시 서울 중부 지역에는 장로교회가 한 곳뿐이어서 사역을 할 때 외롭고 힘든 시절을 보내시었다. 조관애(趙寬愛) 사모의 극진한 내조는 교회를 하나가 되게 하는 밑거름이 되시었다.

오 목사는 캐나다 선교부의 일원으로 일본으로 건너가 교회를 세우고 동포들과 유학생들을 위해 목회에 전념하시었다. 일제가 설교를 일본어로 하도록 강요하자 이를 받아들이지 않고 오 목사는 귀국하여 고향에 정착하고 고향 사람들에게 복음을 전하였다. 대망의 광복을 맞이하여 김구 선생을 도와 한독당(韓獨黨)을 세우고 고향에서 제헌국회의원으로 선출되시었다. 오택관 목사는 기독교 신앙이 곧 나라 사랑인 것으로 믿으셨다.

오택관 목사는 1950년 3월 초에 혜성교회 제2대 담임 목사로 부임하여 1950년 5월 10일에 62평 크기의 예배당 공사를 완료하고 준공 예배를 드렸다. 6 · 25 전쟁 중에 신도들은 담임 목사의 신변을 우려하여 서울을 떠나 안전한 곳으로 피하십시오."라고 강권하였으나 "죽으면 죽었지 교회를 떠나지 않고 지키겠다."고 답하시었다. 오택관 목사는 혜화동 자택에 잠시 들렀다가 북한 인민군에 붙잡혔고 1950년 7월 중순경에 납북되시었다.

"트럭에 실려 북송되는 길에도 오택관 목사님은 찬송가를 부르셨다."고 이후 이북에서 넘어온 사람들이 동아일보 '죽음의 세월'에 회고하였다. 납북 이후 오택관 목사에 대한 소식과 생사 여부는 지금까지도 전해진 바 없으나 '예'할 때 '예'하고 '아니오' 할 때 '아니오' 하는 그분의 굳은 믿음이 끝내 공산당의 강요를 물리치고 순교하였을 것으로 믿고 있다.

대한민국 정부는 "6 · 25전쟁납북피해진상규명및납북피해자명예회복에관한법률'제4조와 같은 법 제13조에 따라 오택관 목사를 납북자로 결정한 사실을 2011년 12월 13일자로 아들 오재경 장로에게 통지하였다.

오재경 장로님은 부친 오 목사님이 납북되신 이후에도 혜성교회에 출석하시어 교회 부흥에 크게 헌신하시었다. 1957년 3월 31일에는 시무장로로 임직되신 이후 1993년 12월 4일 원로장로로 추대되시기까지 36년간 혜성교회 시무장로로서 교회의 부흥과 성도들을 보살피는 일에 충성하시었다. 오 장로님은 매일 새벽 기도회를 마치시고는 비와 걸레로 교회 안과 밖을 쓸고 닦는 청소를 손수 하시었다. 혜성교회는 언제나 깨끗하고 아주 잘 정돈된 모습이었다. 아주 재미있는 일화가 하나 있다. 오 장로님께서는 어느 날 새벽에 머리에 수건을 두르고 큰 빗자루로 교회 마당을 한창 쓸고 계실 때 근처를 산책하던 한 주민이 오 장로님을 동네 청소부로 잘못 생각하고는 '여보! 이 길도 좀 쓸어'하였다. 이 말을 들으신 오 장로님은 아무 내색을 하지 않으시고 '예 알겠습니다. 그리 하겠습니다'하시고는 교회 마당 밖 동네 길을 깔끔히 쓸었다. '청결은 성결의 이웃이다.'라고 말씀하시는 오 장로님의 모습이 회상되는 장면이다. 오 장로님께서 혜성교회에 헌신하셨음에 대하여 '혜성교회 65년사: "은총의 여정"에 다음과 같이 기록되어 있다.

오재경 장로는 1919년 7월 10에 오택관 목사와 조관애 사모의 장남으로 황해도 옹진에서 출생하였다. 그는 부친 오 목사가 1950년 3월에 혜성교회 제2대 담임으로 부임한 이래 초대 예배당 건축을 완공하여 헌당하는 일에 헌신하였다. 오재경 장로는 1957년 3월 31일에 38세에 시무장로로 임직되어 교회에 헌신하였고 이후 예배당 증축과 현 교회 대지를 확대하는 일에 헌신하였다. 1993년 12월 4일에 원로장로로 추대되었다.

오재경 장로의 '삶' 중심에는 언제나 '하나님 사랑, 나라사랑, 교회사랑, 이웃 사랑, 나의 희생'을 근본으로 하였다. 오 장로는 문화공보부장관, 기독교방송국 이사장, 동아일보 사장 등, 대한민국 정부의 고위 직책을 맡아 수행하였고 기독교 단체, 방송 언론 기관, 사회봉사 단체, 관광, 예술 등 여러 분야에 헌신하였다. 그는 '최고는 못되더라도 최선을 다하라'는 좌우명에 스스로 충실하였다. 오 장로는 실천하는 기독교인으로 맡기운 모든 일에 진력하여 헌신하여 우리나라 건국과 민족 환란의 시기를 지내온 시대에 선하고 뛰어난 업적을 남겼다.

오재경 장로는 혜성교회를 섬긴 대표적 신도의 한 분으로 2012년 6월 26일에 소천되시었다. 향년 94세이었으며 혜성교회는 교회장으로 국제 로타리 3650지구와 공동으로 영결예배를 드렸다.

오 장로님께서는 우리나라 대한민국이 건립되는 시기에 출사(出仕)하시어 시대에 부합되는 명제(命題: missions)를 먼저 깨달으시고 이 명제에 따른 국가적 의제(議題: agenda)를 제시하시며 산적한 과제(課題: tasks)를 풀어야 할 방법을 스스로 만들어 헌신하심으로 크신 업적을 이룩하셨다. 최선(最善)을 다하면 평범(平凡)한 재능(才能)으로도 비범(非凡)한 결과를 얻을 수 있다는 신념을 스스로 실천하신 것이다.

오 장로님을 추모하는 이 글을 쓰는 필자는 아주 한적한 시골에서 중학교를 마치고 1960년 3월 초에 상경하여 혜성교회에 등록하였다. 오 장로님은 이미 공보처 장관을 역임하셨던 큰 어른이셨으니 고등학교 다니는 한 학생인 필자가 오 장로님을 가깝게 뵙기는 쉽지는 않았다. 다만, 주일 아침 예배에서 대중 기도하시는 오재경 장로님 성함을 자주 들었고 맑은 음성으로 드리는 오 장로님의 기도는 언제나 간절하였다. 예배를 마친 후에 교회의 마당에서 여러 성도들을 반갑게 손을 잡아주시고 때로는 파안대소하시며 그 누구에게나 아주 가까운 이웃으로 소탈하게 대하시던 그 밝으신 모습은 어언 반 백 년이 훨씬 넘은 지금까지도 심중에 그대로 담겨있다.

필자는 오 장로님을 뵌 후 긴 세월이 지나는 동안 오 장로님께서 친히 담당하신 그 많은 과제에 함께 한 적은 없다. 다행히, 2000년 초에 들어 이미 팔순(八旬)이 넘으신 오 장로님을 혜성교회에서 가깝게 모시게 되었다. 장로님은 연로해지시면서 점차 보행이 원만하지 않게 되시었어도 주일 예배에는 단 한 번도 거르는 일이 없으셨다. 주일 예배에 참석하시려는 오 장로님을 모시러 댁으로 찾아뵈면 언제나 반가워하시고 고마워하셨다. 오 장로님은 이런 저런 연유로 필자를 자주 부르셨기 때문에 오 장로님을 가깝게 모신 십 수 년이 넘은 기간 동안에 과거에 담당하셨던 많은 일들, 그리고 오늘과 앞으로 해야 할 일들에 대한 말씀을 들을 수 있었다. 이 기간 중에 받은 많은 감동(感動) 중에서 오 장로님의 품성(稟性)을 잘 들어내신 두 장면을 기록하고자 한다.

– 장면 하나 –

오 장로님께서 구순(九旬)을 넘기신 어느 해 성탄절이었다. 성탄 축하 예배에 참석하시려는 장로님을 모시러 댁에 들렀다. 오 장로님은 현관문을 여시면서 Merry Christmas ! 하시고는 '이 교수! 안으로 들어와 차 한 잔 하자'고 하셨다. 거실에는 크고도 화려하게 장식된 Christmas tree가 설치되어 있다. 꼬마전등들은 다투어 반짝이며 제 빛을 들어낸다. 가지가지에는 곱게 접은 여러 모양의 종이 장식들이 가득 달려 있다. 큰 버선도 두 개 매

달려 있다. 식탁은 이미 붉은 식탁보로 바뀌어 있다. 성탄절의 색깔이다. 거실 안의 장식장, 문갑 등, 그 무엇이든 올려놓을 만한 곳에는 아름다운 Christmas cards가 가득히 올려 져 있다. 아! 한참 밝은 꿈을 꾸며 자라는 아이들이 좋아할 모습이다.

이 거실에 서린 그윽한 성탄절의 분위기! 그 모두를 다 장로님께서 친히 기획하시고 손수 색동종이를 접어 만드시고 일일이 가지가지에 매달아 설치하셨다고 한다. 이미 세령(歲齡)이 구십을 넘으셨으나 그 어느 젊은이들 보다 더 밝은 꿈을 눈앞에 실제로 펼쳐내시는 오 장로님은 이제 막 육십 줄에 들어선 필자에게 아주 고운 색깔로 곱게 포장한 쵸코렛 상자를 건네신다. 성탄절 선물로 준비하셨다고 하신다. 옆에 앉으신 박보희 박사님은 손수 맑은 향의 녹차를 따르신다. 오 장로님 댁의 이 따듯함이 지금도 느껴진다.

– 장면 둘 –

혜성교회 전 성도님들은 주일 예배 이후 교회에서 공궤(供饋)하는 점심을 드신다. 교회에서 정성을 다하여 식사를 준비하기 때문에 많은 성도님들이 즐겁게 드신다. 오 장로님께서는 보행이 점차로 더 불편하게 되자 아예 wheel chair를 사용하시게 되었다. 지하에 위치한 교우실에 승강기가 없는 계단을 오르내리시기에 적잖이 불편하시었겠지만 오 장로님께서는 점심을 꼭 드시곤 하시었다. 많은 성도님들과 가까이 하고 싶으신 마음으로 늘 그리

하시는 것이다. 성도들은 오 장로님 내외분께서 앉으신 곳으로 드실 밥과 반찬을 가져다 드린다. 한 가족이 함께하는 모습이다.

이 교우실의 한 쪽 벽에는 큰 걸게 그림이 걸려 있다. 푸른 초장으로 양을 인도하시는 예수님의 목자(牧者) 상을 그린 그림이다. 이 그림의 아래에 영문으로 - Jesus love you- 라는 단 문장이 있다. 어느 주일, 점심 식사를 마치신 오 장로님께서는 옆에 있는 필자에게 '여보 이 교수! 사인 펜 좀 빌려 줘' 하시었다. 수성펜을 드렸더니 이를 받으신 오 장로님께서는 wheel chair를 스스로 몰고 걸게 그림 앞으로 가셔서 영문의 문장에 있는 동사 'love' 에 s 자를 붙여 써 'loves' 로 고치신다. 영어를 배운 사람이면 주어가 삼인칭 단수일 경우에는 동사에 (e)s 를 붙여야 한다는 것쯤은 다 알 수 있는 내용인데도 어느 누구도 그 걸게 그림에 적혀 있는 영어 문장에 오기가 있는 것을 발견하지 못하고 지나쳐 버린 것이다. 그런데 구십이 넘으신 오 장로님께서는 이 오기를 찾아내시고는 곧바로 고치시는 것이다. 잘못된 것을 보시고는 그냥 넘기시지 않으시는 오 장로님의 철두철미한 품성(稟性)을 그대로 들어낸 한 모습이다.

해외에서 돌아온 필자가 오 장로님께서 응급상황으로 서울대학교 병원 응급실에 누워 계실 때 찾아뵈었다.'장로님'하고 여쭈었더니, 오 장로님께서 눈을 번쩍 뜨시고는 맑게 쳐다보셨다. 오랜 시간동안 감으셨던 눈을 뜨신 것이라고 옆에서 돌보시던 사모님이 말씀하셨다. 사모님의 지극한 간호를 받으셨지만 장로님은 영면(永眠)하시었다. 생각은 그 누구보다도 젊으시고 미숙한 후생들에게 들려주실 말씀이 아직도 많으신데!, 이렇게 홀연히 하나님의 부르심을 받으신다니!

아! 세월의 흐름이 곧 하나님의 경륜하심으로 믿어야 할 것 같다. 영결하는 날에는 오랜 가뭄으로 심히 메말랐던 산천초목을 흠뻑 적실 큰 비가 내렸다. 시들한 초목에게 약동을 허락하는 자연의 은총(恩寵)이었다. 恩寵! 심신의 연약함과 메마름으로 도움과 위로가 필요한 사람들에게 받은바 능(能: talent)과 성(誠; sincerity)을 다하는 것! 맡은 모든 일에 지극하게 헌신하시며 사랑이 필요한 사람들에 늘 가까이 하신 오재경 장로님!, 그 받으신 평생의 사명(使命) 곧 '恩寵의 體現 : The incarnation of the Grace' 을 늘 사모하시었다!

한국 로타리의 은인

이동건
전 국제로타리 회장

오재경 前국제로타리 이사님은 한국로타리의 은인이십니다. 전 세계에 이사가 10여 명에 불과하던 1983년-1985년, 한국인으로는 두번째로 국제로타리 이사직을 맡으셨습니다. 그때는 한국로타리의 회원 수나 재단기여도가 낮았을 때였습니다. 그러나 한국로타리는 세계에 몇 곳 밖에 없었던 국제로타리 지국을 보유하고 있었죠.

국제로타리 이사회에서 한국사무국의 폐지가 거론되었습니다. 오재경 이사는 한국사무국이 필요함을 역설했습니다. 논란이 거듭되자 이 문제는 표결에 부쳐졌고, 결과는 한국지국을 없애는 것이었습니다.

그러자 오 이사께서는 분연히 자리에서 일어나 뚜벅뚜벅 걸어 나가 회의장 문을 거세게 닫고는 퇴장해버렸습니다. 전례 없는 일이었고, 오 이사만이 할 수 있는 일이기도 했습니다.

사태의 심각성을 안 회장은 오 이사를 찾았고, 이 문제가 재

론됐습니다. 결론은 한국지국의 존치로 끝났습니다. 그러나 개인적으로는 큰 상처를 입었습니다. 회의 도중에 무례한 행동을 했다는 것입니다.

하지만, 만일 그때 한국지국이 없어졌더라면, 한국로타리의 위상 추락은 물론이고, 한국 로타리안들이 큰 불편을 겪었을 것입니다. 그 뒤 분발한 한국로타리는 오늘날 재단기여도 세계 3위, 회원수 세계 4위로 도약했으니 오 이사님께 진 신세가 참으로 큰 것입니다. 오늘의 우리가 있기까지에는 어려웠던 시절, 몸을 던져 우리의 자존을 지켜낸 선배들의 노력이 있었음을 잊어서는 안 됩니다.

1961년-1962년, 40대 초의 나이로 공보부 장관으로 재직하시면서 또 동아일보 사장으로 계시면서 서슬이 퍼렇던 군사정권을 향해 언론이 민주주의 발전에 기여해야 한다는 소신으로 맞섰던 강골이시지만, 개인적으로는 무척 따스하셨습니다.

제가 3650지구 차기 총재이던 1994년, 대만에서 열린 로타리 행사에 갔을 때 갑자기 길을 잃고 헤매는 저를 발견하고 차를 세워 숙소까지 직접 데려다 주셨던 일, 또한 1995년 6월 30일, 저의 총재 취임식 날 축사를 해주시면서 제 선친이 부산 지역 총재를 지내셨음을 밝히시고 자상한 격려의 말씀을 남기셨던 일 - 이런 일련의 추억들은 지금도 저에게 따스한 모습으로 다가오고 있습니다.

이사님께서는 88올림픽 주제가인 '손에 손잡고'를 즐겨 부르시며 서울 올림픽을 자랑스러워하셨습니다. 그리고 사람이 산다는 것은 남에게 빚지고 사는 것임을 강조하시면서 봉사를 통해 되갚아야 한다는 점을 늘 상기시키셨습니다.

그래서 그런지 이사님께서는 2007년 미수를 맞아 펴낸 '로타리, 나의 보람' 출판 기념회에서 '봉사를 통해 삶의 보람을 느끼게 한 로타리의 어제와 오늘이 고마워서 이 글을 남겼다'고 하신 말씀이 문뜩 떠오릅니다.

오재경 이사님은 로타리안으로서 저의 멘토이셨고, 제 인생의 큰 스승이셨습니다. 삼가 명복을 빕니다.

오재경 장관님은 시대를 앞서간 신사 중의 으뜸 신사

이성철
씨엘포스트 회장

오재경 장관님과 관련된 에피소드가 있으시면 말씀 해 주시지요.

유명한 주한 미국대사 있었잖아요. 그 아버지되시는 김기완이라는 분이 계셨어요. 그 양반이 한 때 워커힐 호텔 지배인을 했었어요. 그 전에 오재경 장관 휘하 공보부 기획관리실장을 했습니다. 오 장관님하고 친했지요. 그 분이 미국으로 망명가서 공부시킨 아들이 성 김 주한 미국대사에요. 임택근이라는 아나운서 있죠? 임택근의 누이가 김기완 씨 부인이에요. 김기완 씨와 친해가지고 오 장관님이 그 이를 기획관리실장으로 데려다 놨어요. 그래서 나중에 관광공사 사장으로 가시니까 데리고 나갔고 워커힐이 관광공사 관할 하에 있었으니까 거기 지배인으로 있었어요. 그러다가 정보부로 갔어요. 정보부로 간 후 주일공사 시절에 일본에서 사건이 나가지고 ... 성김 대사가 미대사관에 부임 해 있었기 때문에 바로 연락이 있었대요.

일본 사건은 뭐에요.?

김대중 씨 납치 사건입니다. 김대중 씨가 납치당했을 때 김기완 씨가 정보부 공사를 했어요. 주일본 대사관에서... 중앙정보부에서 파견된 공사를 했으니까 책임이 있지 않습니까? 그래서 미국으로 갔어요. 그러나 그거는 오재경 장관님 하고는 상관없는 일이었어요.

혹시 더 얘기하시고 싶은...?

한 두 어 가지 있는데요. 그...방송... TV방송을 오장관님이 만들었어요.

KBS 얘기하시는 거죠?

네, KBS. 왜냐면 5.16혁명 난 이후에 황태성이라는 간첩이 들어왔어요. 그 사람이 박정희 장군의 형님과 구미에서 자란 사람이래요. 이 사람이 간첩이 되어 이북에서 내려 온 거예요. 박정희가 집권 하였다고 하니 내려가서 접촉을 하여라 해서 와 가지고 정보부장인 김종필씨에게 전화를 했더래요. 김부장이 직접 전화를 받지 않고 대신 다른 직원에게 받게 하고 내가 김종필이다 잘 알았으니 내가 지정하는 장소에 가서 기다리라고 했데요. 그 후 미 CIA 조사를 거쳐 처형 되였는데 그 때 가지고 온 공작금 20만불을 몰수 하여 오재경 장관에게 전하고 이 돈으로 TV 방송을 시작 하자 한 것이에요. 오장관이 즉시 승낙하여 TV방송을 시작했어요. 이때 기술인력은 영화제작소에서 맡았습니다. 일본에서 NEC 수상기를 가져 온 거예요. 수상기 완제품을 말이에요. 그래가지고 하루에 한 번씩 방송하고 그랬는데... 그렇게 도입된 것이 KBS의 TV방송입니다. 그래가지고 방송공사가 된 거죠. 오재경 장관님이 만드신 거예요. 그렇지 않으면 TV방송이 상당히 늦어졌을 거예요.

그리고 또 하나는 말이죠 이응로 씨가 독일에 초청을 받아서 가는데 돈이 없는 거예요. 그 때 아주 가난한 화가로서 오 장관님이 거저 돈을 대줄 수는 없고 하니까 불러다가 그러면 코리아하우스 온돌방(도깨비집이라고 하죠)에 붙일 그림을 그려주쇼, '그럼 내가 여비를 드리겠습니다.' 그래 가지고 그걸 그려서 다 해 놓은 뒤 여비를 준거에요. 이 화백이 그걸 가지고 독일에 간 겁니다. 그래서 독일 갔는데 여비만 가지고 왔지 뭐 알려지지 않았으니까 그림이 팔리지 않고 곤란한데... 하루는 이거 독일서 도저히 안 되겠다 싶어서 파리로 간 거예요. 파리에 가기 전에 불란서 어느 화랑에 콜라쥬(잡지에 실린 색깔 부분을 활용한 공예적 작품)를 맡겨 놓았는데 행여나 하고 그 전시관에 들렸더니 그 밑에 빨간 리본이 붙어 있더래요. 이로 인해 절망에서 벗어나 화랑과 1년 계약으로 이 화백의 작품을 전담 판매하기로 하고 생활비를 전담하게 했다고 합니다. 이렇게 해서 오재경님이 이응로 화백이 세계적인 화가로 우뚝 서게 되는데 일조한 것입니다.

이응로 화백 그림 얘기가 나오니까 생각나는 것은 원각사에는 청전 그림이 벽화로 있었어요. 원각사라는 게 뭐이냐. 다 아시겠지마는 고종황제 시대에 우리나라에 현대적인 극장을 만들어가지고 원각사라고 했어요. 조선 대한제국 시대 고종황제 때에 원각사라 했는데 일본사람들이 와가지고 원각사를 없애버리고 말았단 말이에요. 그러니까 오재경 장관님이 와가지고 한국의 최초의 현대극장, 현대적인 연극극장 원각사를 부활시킨 거죠. 근데 원각사를 만들어 가지고 청전 이상범 씨한테 부탁해서 한국 최초의 현대극장을 위해 청전이 벽화를 엄청나게 몇 미터를 그렸다고요. 그랬는데 아깝게도 5~6개월 후 원각사에 불이 나서 원각사와 함께 그 그림도 없어졌어요. 만약에 그게 있다면 정말 역사적인 게 됐는데... 극장도 그렇고 그림도 대표적인... 그러한 것들이..

문화공보부 시절에 오장관님이 뭘 하겠다면 발 벗고 나와서 하셨어요. 그랬는데 뭐 일반 직원들은 하도 생각지도 않은 거, 돈도 없는데 이거 해가지고, 자기점심 자기가 사먹으면서 뭘 다 만드는 가 그랬거든요. 나라의 월급도 없고 돈도 없는 거를... 전부 다 만들어놓고 보고하면 아 훌륭해, 그래서 정부에서 집계와 예산을 나중에 받고.... 그러니까 그동안 그거 만드는 사람들은 아주 고생고생이죠. 그래도 뜻 있는 직원들은, 야 이거 공무원은 나라를 위해서 해야 할 일이다 하고 다들 그 땐 그랬어요. 그랬는데 그 지휘를 오장관님이 하실 때지요.

보통 사람들은 별거 아닌 걸로 생각하는데, 오장관님이 남산 KBS에 오시면서 거기에 방송문화 연구실이라는 것을 만들었어요. 그래가지고 방송에 관심 있는 인재들을 연구원으로 모집해서 했어요. KBS의 방송을 잘하기 위해서 새로운 아이디어와 제안하나 해둬라, 근데 이게 방송 인재양성소가 됐어요. 최창봉 씨라던가, 홍두표 라던가, MBC 사장이라 던가, 다 여기에서 연구원이었죠. 오장관님 때의 젊은 사람들이 와가지고 학교 갓 나와서 방송에 관심 있는, 신문 방송에 관심 있는 사람들이 거기 와서 일하던 사람들이 커 가지고 우리나라의 민간 방송국의 사장, 전무, 지휘자가 됐는데 방송인 양성은 그 때부터 그렇게 했어요.

그리고 요새 국악원이라는 거 있지마는 이 양반이 국악원을 갖다가... 국악원이 처음에는 성경인 씨 있을 때에 오장관이 국악원에다가 국악사 양성소를 만들었어요. 그 전에는 국악원 하나만이었는데 국악사 양성소 해가지고, 서양음악은 학교에서 가르치는데 우리 전통음악 국악을 가르치는 데가 없어서 국악사 양성소를 만들었어요. 거기서 국악생들을 모집해가지고 양성한 게 오늘날의 국악을 지휘하는 인재 들이 됐어요. 그러니까 인재양성, 문화예술 각 분야의 인재양성을 하는 것을 연구소, 양성소 그러면서 부속기관을 만드는 것이었지요.

인재들을 많이 키우셨네요.

이 양반이 그런 것들을, 다른 사람들이 생각지도 않는 걸 자꾸 만들어가지고선 그게 제도화 되가지고 나중에는 오늘날 문화예술계의 중진의 기둥들이 다 됐지요. 그걸 보면 이 양반이 직접 작가는 못했지마는, 예술가는 아니었지마는, 예술가들이 나올 수 있는 토대와 바탕을, 문화예술 진흥을 할 수 있는 토대를 오장관님께서 전부 만드신 거예요. 물론 그 외에 다른 장관님들이 와가지고 그걸 기초로 해서 발전시키고 다듬었지마는, 요새 같으면 그리 생각하면 되겠지만 그 때는 아까 말한대로 공무원들의 월급이 적어서 쌀을 주는 그러한 시기고, 서울시내 충무로 거리와 명동거리는 폐허고...

그 때 시대가 그럼 60년대였나요?

50년대 후반, 56년 그 정도니까 50년대 중후반 쪽으로. 1950년도에 6.25 났고 53년도에 휴전이 됐단 말이에요. 이 양반이 56년도에 왔단 말이죠. 그러니까 휴전된 다음에 3년쯤 지나서죠. 휴전 된 다음부터는 온 나라가 폐허화된 집과 도로와 사람. 그 때 먹는 것은 전부 미국에서 원조물자 로 온 것 먹든 시대에요. 그 때 보통사람들은 우선 먹고 살기가 힘드니까 거기에만 매달리는데 이 양반은 공보부 공보실이라는 것을 맡아 실장이 되면서 먹고 살기에 대해선 재무부나 정보부에서 할 일이고 공보부는 앞으로 문화국가를 만드는 기초를 해야 되겠다 해가지고 그 어려운 시대에 그런 생각을 해가지고 일을 했다는 거예요. 그 때 공보실 직원이, 각 과에 너 댓 명밖에 없어요. 전부 합해야 30명도 안 돼지요. 그 사람들이 전부 밤을 새워가면서 일한거지요.

또 재미난 에피소드 한 말씀을...

오 장관님이 정월 초하루만 되면 집에 전 직원을 불러요. 떡국을 전 직원에게 다 대접하면서 얘기하다보면, 거기서 여러 사람들 성격도 파악될 뿐만 아니라 또 거기서 어려운 얘기가 나오게 되는 거고... 그 얘기가 나오니까 한 말씀 더 한다면 이 양반이 동아일보 사장이 됐거든요. 그런데 동아일보 사장이 우리나라 언론 중에 제일 큰 사장이 된 건데, 이 양반이 얼마 있따가 옛날 공보부 때의 직원들 중 생존해 있는 사람들을 다 남영동에 있는 USO 휴게센터에 초청 했어요. 갔더니 '내가 동아일보 사장됐는데 월급을 탔다... 그런데 옛날에 내가 공보실장 공보부장관 제대로 한 것은 여러분들이 고생해서 나를 밀어줘서 가능했기 때문에 오늘 사은 잔치를 배푼다!' 그러면서 거기서 아주 근사하게 대접받았어요. 그리고 그것이 계기가 되어 그 후도 몇 년 동안 해마다 모임을 가졌죠.

요즘 흔히 말하면 아유회 모임 있었군요?

그러니까 옛날에 보통 장관들 다 관두면 뭐 몇 사람들 서로 왔다 갔다 하겠지만 이렇게 장관을 한 분이 10년쯤 지나서 몇 10년 된 옛사람들 다 오라고 해서, 내가 그동안 기독교방송과 동아일보 사장까지 하게 된 건, 공보실장 때 여러 분들 고생해서 나를 도와줬기 때문이니 고맙다. 사은 잔치다. 그런 걸 한 분은 아마 대한민국 각 장관 중에 오장관님 한 분뿐이에요. 그런데 오장관님이 재직했을 때는 부려 먹는다며 욕하고, 나는 쳐주지 않는다고 불평 한 사림들도 있었는데 그런 사람까지도 다 불러다가 고마움을 표하는 그런 면도 있었어요.

옛 말씀 한 마디 또 있어요?

오장관님이 공보실장 때, 이화여자대학교에서 한국의 3대 신사를 뽑으라 하면 오재경 장관님, 윤치영 내무장관님, 그리고 또 한사람 누군가 아무튼 세 사람이 한국의 대표적인 신사로 지적되었어요. 이대에서 여자 학생들이 뽑았어요. 그만큼 옷 모양새나 외모가 굉장히 신사적이었지요. 그에 비하면 우리 공보부 직원들은 촌놈이었지요. 장관은 아주 멋쟁이 신사였어요. 그 분의 그 깔끔한 성격에 미처 쫓아가지 못한 사람들은 어려움이 있었지요. 하여튼 오장관님 보면 여러 가지 생각이 나는데 그리고 그 후에도 사회봉사 때도 몇 번 불러서 같이 일을 했는데, 이 양반 또 하나는 이승만 박사를 최고의 건국대통령, 우리나라 대통령 중에 나라를 세운 최고 지도자로 신봉 하셨어요. 그래서 이승만 박사 기념 사업회를 만들어서 오랫동안 이끄셨죠. 그때 오라고 해서 같이 참여도 하고 그랬는데 이승만 박사 기념사업회 당시 국립묘지에서 이 박사 추모예배도 보고 추모식도 하고 여러 행사를 많이 했죠.

그리고 1997년 경제위기 당시에는 의정부에 있는 당신의 소유지에서 UNDP와 보건복지부가 지원하는 '녹색협동창업단' (요

사이 많이들 하게 된 사회적기업의 전신) 시범사업을 하도록 하셨어요. 한 2~3년 동안에 여러 사람들을 구제하고 길렀지요. 그때는 사장하던 사람, 전무하던 사람들이 자살하고, 뭐 할 거 있나, 길거리 포장마차를 어떻게 하나 하면서 오락가락하던 시대에요. 그런데 이런 걸 만들어하게 했고, 하여튼 어딜 가나 새로운 것 남이 못한 것, 그것도 우리나라 사회발전에 앞으로 꼭 필요한 것 그걸 미리미리 돈 없는 데도 만들어가지고 나중에 돈을 끌어들이는 분이세요.

여러 가지 재주가 참 많으신 분이시네요.

그렇지요, 오장관님 말고 그 후에도 여러 장관이 있지마는 이런 분은 드물어요. 그저 정치적으로 이렇게 저렇게 해보고 그러지 순수하게 나라와 우리 사회발전 방향이 뭐다라고 나름대로 생각을 밀고 나가는 분은 드물어요.

특별히 하고 싶은 말은 우리 문화예술계 역사 속에서 볼 때 오장관님은 상당히 역사적인 분이에요. 문화 예술계의 발판, 발전의 발판을 놓으셨어요. 오늘날 세계적 한류가 주목 받지만...

어떻게 보면 한류의 원조가 오재경 장관님이신 거네요.

음악 미술 뭐 각 분야가 온 세계로 나가게 된 건 물론 대학 등에서 인재를 키웠지만 국가적인 입장에서 발판을 만든 건 이 분이고...

또 하나 공보부 실장 시 각 나라에다가 문화원 만들고 공보관 파견 한 거 그것이 한국의 문화예술, 한국의 전통문화 이미지 이것을 외국 사람들한테 알려주는 매개체가 되고 그 일을 맡아 하는 것이 공보관 역할이었거든요. 당시 오실장의 전략이 크게 주효 한 거예요. 그래서 알고 보면 각 공보 관장, 문화원장은 숨은 애국자들이고요. 코리아 하면 형편없이 가난한 나라 그렇게 알려져 있었는데 그거를, 한국이 이렇다는 것을 한국문화를 통해 한국이 전통적인 문화민족이라는 것을 알렸어요. 요새는 경제적으로 발전해서 IT등 다 알려졌지만, 그 때는 형편없어 우리가 외국에 가면 차이니즈(중국사람)냐 재패니즈(일본사람)이냐? 물어보고 코리아하면 코리아가 어디냐? 이럴 때에 이런 것들을 알리는 공보관 문화원의 토대를 만들어서 우리 문화 실상을 전부다 뿌렸다는 것은 엄청나게 대단한 생각으로 미리미리 설계해서 만들어진 것인데 오장관님이 이거다 해서 발전시켰죠. 그런 면에서 역사 속의 오 장관님을 생각하며 그런 의미에서 제 말씀을 드린 것입니다.

정리: 안지언

사람을 중심에 두는 민주적 지도자 오재경 장관님

이연숙
전 여성부장관

내가 오재경 회장님을 만난 때는 대학을 다니던 1957년의 일이었다. 그때 나는 유네스코(UNESCO) 한국위원회에서 봉사활동을 했는데, 어느 날 고문관으로 와있던 한 외국사람이 강의를 하게 됐다. 나는 그 사람의 강의준비를 도왔는데, 끝나고 나서 그는 나에게 명함을 주더니 나중에 자신을 찾아오라고 했다. 그러면서 그 외국인은 내 음성이 방송을 하기에 적합하다고 했다. 나는 그때까지 방송에 대해서 한 번도 진지하게 생각해본 적이 없었다. 아니 방송을 한다는 생각도 해보지 않았다.

어쨌거나 나는 후일 명함 속에 든 주소로 그를 찾아갔다. 그곳은 바로 중앙청 별관이었다. 나는 그곳이 처음이라 여기저기를 기웃거리는데, 그 때 오재경 선생이 나오시더니 나를 보고 왜 왔냐고 물었다. 나는 그간의 사연을 이야기하고 명함속의 그 사람을 만나러 왔다고 대답했다. 내 대답에 오재경 선생은 나를 유심히 보시더니 이화여대 학생이냐고 물으셨다. 그렇다고 대답했다. 그랬더니 선생은 나에게 또 무슨 과를 공부하느냐고 물으셨다. 나는 교육과라 대답했다. 그랬더니 선생은 대뜸 그런 공부는 굳이 이화대학까지 갈 필요가 없는 과라고 말씀하셨다. 선생의 말씀에 나는 깜짝 놀라 왜 그렇게 생각하시냐고 물었다. 그랬더니 피아노나 음악, 작곡을 공부하는 데가 이화대학이지, 교육을 공부하는 학교가 아니라고 했다. 나는 선생이 서운했다. 아니 내심으로는 은근히 화도 났다. 어떻게 처음 본 사람한테 그런 말을 할 수 있을까. 이해할 수 없었다. 하지만 생각해보면 그것도 관심이 없으면 할 수 없는 말이었고, 마음이었다는 것을 알았다. 그래서 당장에는 서운했지만 나중에는 이해할 수 있었다.

헌데 선생과의 인연은 그게 다가 아니었다. 나중에 민간단체와 동아일보가 함께 '민간지도자'라는 세미나를 하게 되었다. 67년도의 일이었다. 그때 나는 직장에서 이사직으로 있었는데, 민간지도자에 관심이 많았다. 헌데 알고 보니 한국에도 로터리 클럽이나 JC같은 민간단체들이 유입돼 활발하게 활동하고 있었다. 그리고 라이온스 클럽도 막 시작을 하고 있었다. 나로서는 무척 반가운 일이었다. 헌데 민간지도자와 관련한 세미나를 준비하면서 이런저런 조사를 하는데, 오재경 선생의 이름이 나왔다. 그 분이 바로 민간지도자였다.

나는 오재경 회장님을 찾아 로타리 사무실로 갔다. 그런데 나를 맞아주신 분은 옛날 내 기억 속에 있던 분이 아니었다. 학생

시절, 왜 그걸 공부하러 이대를 갔느냐는 그 분이 아니라 회장님은 나를 회장님과 동급으로 대하시며 내 이야기를 경청해주셨다. 사실 그 세미나는 회장님 입장에서 보면 그리 대단한 일도 아니었다. 헌데도 회장님은 내 이야기를 정성껏 들어주시고 여러가지 조언도 해주셨다. 그뿐 만이 아니었다. 회장님은 내가 대수롭지 않게 지나가는 투로 이야기하는 것도 그냥 넘기지 않고 다시 묻고는 그걸 관철시키는 고집도 보여주셨다. 나는 회장님의 그런 추진력에 감동을 받았다.

사실 내가 교육운동을 하게 된 동기도 오재경 회장님과 연관이 있다. 사회운동을 하던 내가 어느 날 동아일보로부터 도움이 될 만한 자료로 영화 한편을 받았는데, 민간지도자이신 회장님께서 그걸 보시면 좋겠다 싶어 나는 회장님께 권해드렸다. 제목은 '투 터치 어 차일드'(To Touch a Child)로 삼십 분짜리 영화였다. 내용은 대략 이런 거였다. 미국의 어느 조그마한 동네에 자동차 공장이 있었는데, 그 공장이 망하고 나니 동네가 활기를 잃어가고 범죄율이 높아가는 그런 내용이었다. 그 동네에 살던 사람들은 대부분 그 자동차 공장의 노동자들이었는데 공장이 망하고 나니 사람들이 직장을 잃고 실의에 빠지게 된다. 어떤 사람들은 직장을 찾아 동네를 떠나고 또 청소년 범죄는 늘어만 가고, 더불어 사회는 와해돼 갔다. 그런 차에 한 체육선생님이 동네 사람들의 애향심을 북돋우고, 살만한 동네로 만들기 위해 고군분투하는 내용이었다. 헌데 회장님은 자신 혼자 보면 아까우니 여러 사람이 같이 보면 좋겠다고 하셨다. 그러시면서 그 영화에 나오는 직업을 직종별로 구분해서 그에 맞는 사람들을 부르라고 주문하셨다. 오 회장님의 주문에 나는 민간지도자 그룹과 기업가 그룹, 교육자그룹과 자원활동가, 그렇게 네 분야로 나누고 분야 당 열 명씩을 초대했다.

헌데 그 당시 한국에는 그런 행사를 치를만한 연회장도 없었다. 그래서 생각해 낸 것이 미국공보원 원장집에서 모이는 것이었다. 마흔 명을 선정해 미공보원 원장집에서 저녁을 먹는 프로그램으로 기획해 그들에게 초대장을 보냈다. 헌데 기업가들을 고르는 것이 쉽지 않았다. 그래서 생각해 낸 것이 세무서에 가서 세금을 많이 내는 100대 기업가운데 영화 속의 직종과 같은 기업을 선정했다. 그랬더니 그 안에 정주영 회장이 들어있었다. 정주영 회장, 박용학 회장처럼 이름만 들어도 알만한 기업가들이 초대인 명단에 들어있었는데, 고맙게도 이 분들은 굉장히 바쁜 와중에도 불구하고 초대에 응해주셨다.

오 회장님과 선정된 마흔 명의 사람들과 함께 그 영화를 보게 되었다. 헌데 정주영 회장이 그 영화를 보고나더니 그동안 자신의 생각이 잘못됐다고 말했다. 강릉에 공장이 있고, 수영장도 있고, 운동장도 있고, 정류장도 있는데, 퇴근 시간이 되면 문을 걸어 잠그고 사람들의 출입을 통제했다고 했다. 헌데 이 영화를 보고나니까 동네를 위해서는 그걸 열어야 하겠다는 것을 깨달았다고 했다. 실제로 정주영 회장은 그 이후로 그걸 전부 개방하고 동네 사람들은 모두 현대직원들이라고 말했다. 예상치도 못한 결과였다. 아마도 오 회장님은 그런 것까지 염두에 두었을 것이다. 그러니 그 직종의 사람들을 불러 같이 보자고 했을 것이다.

여하튼 그 모임은 그걸로 끝난 게 아니었다. 공보원 원장이 밥을 냈으니 다른 사람들도 자신들이 밥을 낼 기회를 달라고 했다. 그리고 한번은 교육위원이었던 임영신 중앙대 총장이 자신도 밥을 내겠으니 나더러 스무 명만 초청해달라고 이야기했다. 그렇게 그 영화를 계기로 또다시 스무 명이 모였다. 헌데 이상한 것이 누가 주도한 것도 아니고, 그렇다고 계획한 것도 아닌데 그 뒤로도 모임은 계속되었고, 우리는 열심히 토론하고 연구했다. 그게 참 신기하기만 했다. 모일 때마다 우리는 비빔밥을 먹었다. 코리아나 호텔에서도 먹었고, 또 체육회관 근처의 식당에서도 먹었다. 그러면서 생각했다. 오재경회장님은 참 선견지명이 있는 분이라고. 혼자 그 영화를 보고 끝났더라면 그런 열띤 토론이나 활동들은 일어나지 않았을 텐데, 그건 모두 오 회장님이 생각해낸 아이디어였다.

그렇게 일곱 번쯤 돌아가면서 밥을 먹고 나니 자동적으로 교육후원회라는 명칭의 조직이 생겨나게 되었다. 회원확보는 처음 모였던 사람들이 각자 열명 씩의 회원을 데려오기로 하고 YWCA에 있는 회관에서 회의를 갖게 되었다. 이때 실무적인 이야기들이 오갔다. 필요한 사무실과 운영비, 직원채용과 그에 따른 재원마련까지. 우리는 회비를 내서 그 것들을 마련하기로 했다. 그때 모임의 일원이었던 정주영 회장은 우리를 보고 이상한 사람들이라고 놀렸다. 출세길이 열리는 것도 아닌데 그렇듯 열심히 모이고 일을 하냐고 했지만 그분도 모임에는 빠지지 않고 나오셨다.

그렇게 해서 우리는 YWCA에 사무실을 마련하고 지역사회학교 운동을 벌여왔다. 46년 동안 참으로 많은 강사를 배출하고, 지도자들을 배출했다. 특히 오재경 회장님은 시골이건, 몇 사람 모이지 않은 데건 상관없이 어디든 가서 강의를 했다. 지금 현재는 예절교육과 다도교육, 대화 소통과 관련한 교육을 하는 사람의 수가 3천명에 이른다. 그 분들은 현재도 회비를 내는데 32개 시도에서 운영되고 있다. 정말 정주영 회장의 말씀처럼 출세길이 보장되는 것도 아니고, 그렇다고 수입이 생기는 것도 아닌데 다들 그렇게 자발적으로 회비를 내고 열심인 것이다. 그것은 특별한 소명의식 없이는 할 수 없는 일들이다. 그 첫 단초를 마련한 분이 바로 오재경 회장님이다.

토탈차일드. 아이들에게 다가가기 위해서는 세상이 바뀌어야 한다는 생각은 참으로 민주적인 생각이다. 강압적으로 아이들을 바꾸려하지 않고 사회가 먼저 바뀌고, 아이들을 이끄는 그 발상이라니. 60년대에 오재경 회장님은 그렇게 생각하신 분이다. 사람이 달라져야 세상이 달라지고, 또 사람을 달라지게 만드는 것은 바로 교육이라 강조하셨다. 그러기 위해서는 서로가 협력을 해야 한다고 하셨다. 오 회장님은 돌아가시는 순간까지 그런 일을 하셨다.

오 회장님이 그런 추동력을 가질 수 있었던 데는 옆에 좋은 분들이 계셨기 때문에 가능한 것이기도 했다. 정주영 회장과 오재경 회장님은 오 회장님이 돌아가실 때까지 사십년을 함께 하셨다. 오 회장님은 물론이고 정주영 회장 역시 매우 소탈한 성품이라서 가능한 일이었다. 하지만 두 분 다 이제 이 세상에 계시지 않는다. 계셨더라면 더 많은 일을 할 수 있을 텐데 참 아쉽다.

그 두 분이 떠나시면서 지역사회학교 운영이 어려움을 겪고 있다. 오재경 회장님은 문제가 생길 때면 적극적으로 나서서 그 문제를 해결하셨던 분이다. 많은 사람을 알고 계신 덕분에 전화 한 통화면 어떤 문제든, 어떤 어려움이든 해결이 되었다. 요소요소에 오 회장님께 신세를 진 분들이 많아 오 회장님이 애로사항을 말씀하시면 법의 테두리 안에서 최대한도로 도와주시곤 했다. 문제 해결을 위해 어떤 사람을 찾아야 하는지, 또 어떻게 해야 하는지 정확하게 알고 처리하는 사람이 바로 오 회장님인 것이다. 그만큼 경험과 네트워크가 전 분야에 걸쳐 구축되고 가동되고 있었던 것이다.

오 회장님이 더 빛나 보이는 때가 있었다. 대체로 한국 사람들은 외국 사람들을 대할 때면 저자세일 때가 많다. 하지만 오 회장님은 그렇지 않으셨다. 굉장히 당당하셨고 오 회장님이 상황을 이끌어 가셨다. 우리는 대개가 자유롭지 못한 영어로 자신의 생각을 나타내지 못할 때가 많지만 오 회장님은 하고 싶은 말을 다하셨다. 그리고 장황하게 이야기하지도 않으셨다. 해야 할 말만 하셨다. 그래서였을 것이다. 외국 사람들도 오 회장님을 좋아했다.

오 회장님의 리더십과 추진력은 남다르다. 처음 하는 일도 주저하지 않고 하셨다. 나는 로터리 클럽에서 꽤 강의를 많이 했다. 그것도 오 회장님의 배려였다. 로터리 클럽에 연사가 없을 때면 오 회장님은 나한테 하라고 시키셨다. 국내뿐만이 아니라 국외도 마차가지였다. 국외의 경우 오 회장님께 부탁한 강연을 나에게 미뤄주신 것이다. 덕분에 나는 여러 차례 일본에 다녀오기도 했다. 처음에는 일본말이 서툴렀지만 지금은 자연스럽게 강의를 할 정도로 훈련이 되었다. 그 역시도 오 회장님 덕분이다.

헌데 나 역시도 어느 순간에 지역사회교육 운동에 있어서 오 회장님을 닮아가고 있었다. 참 좋은 일이다. 오 회장님은 무슨 일이든 사람이 중심이 되어야 한다고 생각하셨다. 모든 것은 사람이 바꿀 수 있다는 신념을 지니신 분이 바로 오 회장님이시다. 오 회장님이 일으키고, 키워 오신 지역사회교육운동은 오 선생님이 가신 뒤에도 여전히 계속되고 있다. 그 안에는 여전히 오 회장님의 정신이 깃들어있다.

사람이 중심이 되는 지역사회 교육 운동. 이제 오 회장님은 그걸 우리에게 숙제로 남겨 놓고 떠나셨다.

예와 아니오를
분명히 하며 사신 용감한 분

채희병
국제로타리 전 이사
한일친선위원회 위원장

지난 8월 4일에는 과거에 오재경 이사와 친분이 두텁던 분들의 모임인 죽포회(竹圃會)에 초청을 받고 죽포선생을 직접 뵙는 듯 설레는 마음으로 참석한 바 있다.

죽포선생은 한국동란 후 우리나라가 정치 사회 경제적으로 대단히 어려울 때에 관계 언론계 그리고 그밖에 여러 분야에서 큰 역할을 하시고 탁월한 지도력을 발휘하시었다. 은퇴하실 즈음부터는 숭고한 봉사단체인 국제로타리에 참여하여 그의 반평생을 기꺼이 바치셨다.

저 또한 43년이란 오랜 동안 로타리 생활을 그분과 함께 하게 된 것도 우리 상호간 봉사를 하겠다는 공통목적이 있었기 때문이며 이렇게 오랫동안 그 분을 모신 것을 대단히 영광스럽게 생각한다.

저는 이 분과 한국로타리 초창기에 만나서 이분의 봉사 철학에 매력을 느끼고 감동을 받아 가까이 모시게 되고 매일 같이 만나며 만나지 못하면 궁금해 못 견디는 친한 사이가 되었고 로타리에 미친 사람이라는 소리까지 들으며 열성회원으로 바뀌었다. 그 당시 한국로타리는 3개 지구로 조직되어 서울을 중심으로 부산, 대구, 대전, 인천, 그 밖에 지방 각지에 행사가 있을 때 마다 즐겁게 오 이사를 모시고 참석하던 일이 아직도 생생하게 기억되고 있다.

그러던 1979년, 마침내 한국에서 처음 국제적 로타리 행사(行事)인 아시아지역대회가 개최되었다. 아시아 여러 나라가 함께 모여 성공적인 대회가 되도록 일본의 협조를 얻어 한일 간 준비 연락회의를 갖기로 하여 행사 4년 전인 1975년부터 적극적으로 대회준비에 착수 하였다. 국내 준비위원장에는 오재경, 대회장에 김영소, 주제 강연자에는 Stanley McCattrey 회장, 소생은 외빈 담당위원장, McCattrey 회장 Aide 겸 가정환대위원장을 담당 하게 되었다. 그러나 김영소 대회장께서 급환으로 참석치 못하게 되어 부득이 제가 대회장 대리로 일을 보게 되어 참으로 제 일생 가장 바쁜 일정을 보내게 되었었다.

결과적으로 만여명(萬余名)이 참석한 이 대회는 성공적이었으며 마침 이 대회에 참석 하였던 James Bomar Jr 국제로타리 회장은 규모나 내용이나 어느 국제대회 못지않게 훌륭한 것이며 장차 한국과 일본은 아시아 로타리를 주도하고 북치며 전진 한다고 극찬을 하였다. 이 행사를 계기로 한국의 발전된 모습을 보여주어 1989년 서울국제로타리대회 개최를 위한 결정에 이르게 되었다. 아울러 한일 간에는 한일친선회의가 시작되어 현재까지 계속되고 있으며 이는 국제로타리 테두리 안에서 이룩된 유일한 한일친선회의로 자랑스럽게 생각한다. 이 국제대회, 한일친선회의 등 지난날 오재경 이사를 모시고 오래 동안 즐겁게 해온 여러 가지 일들이 아직도 기억에 생생하다.

저는 그토록 일에 몰두하며 열심히 봉사사업에 암하시는 오재경 이사님을 정말로 존경한다. 그것은 최고는 못되더라도 최선을 다하는 것을 신조로 삼고 거짓을 모르고 올바르고 정의로운 일을 생활신조로 예와 아니오가 분명한 용기 있는 분이기 때문이다. 그것이 그 옛날 공직생활에서 요직을 두루두루 거친 것이 아닌가 생각한다.

저는 가끔 이런 생각을 해 본다. 이러한 분이 대다수를 차지하는 사회가 이루어진다면 이 사회가 보다 깨끗하고 정직한 사회, 신뢰 할 수 있는 밝은 사회가 되지 않을까하는 생각이다.

어느 분이 말하기를 인간의 최대 행복은 일생동안 일하다가 죽는 것 이라고 했다. 오재경 이사야 말로 일생을 남을 위하여 가장 많이 일한 행복한 분이라고 믿는다.

앞으로 오재경 이사의 로타리 활동과 업적을 기리며 죽포회가 더욱 발전되기를 기대한다.

세간의 몰이해에
목 놓아 울기도 한 열정의 선각자

최종식
인천 로타리클럽 회장

로타리 철학은 정말 따듯하다. 우리 같은 사람들에게 로타리 철학은 사람사이의 향기를 느끼게 해준다. 나는 로타리와 관련한 오재경 장관님의 여러 말씀들을 기억하고, 또 보관하고 있다. 물론 로타리 클럽 주보에 오 장관님이 남긴 이야기도 있지만 주보 외에 장관님이 하신 말씀도 다 기억하고 있다. 나는 그 분을 따라서 참 열심히 로타리클럽 활동을 했다. 자랑으로 들릴지 모르지만 우리 그룹에서는 내가 성공왕으로 꼽힌다. 내년이면 벌써 입회한 지 사십년이나 되었으니 햇수만으로도 어쩌면 그 말이 맞는 것 같다. 보통 로타리는 일주일에 한 번, 한 달에 네 번 모임을 갖는다. 거기서 기금을 모으는데, 나는 목표양의 삼백프로까지 한 적이 있다. 사람들은 그런 나를 로타리에 미친 사람이라고 한다. 하지만 그 모든 것은 죽포 오재경 장관님의 영향이라고 생각한다. 오재경 장관님은 로타리클럽 총재도 지내셨다. 그래서 나는 장관님보다는 총재님으로 부르는 것이 더 편하다.

오재경 총재님의 로타리에 대한 사랑은 참 컸다. 그만한 자리에 있으면 권위를 내세울만 한데도 오재경 총재님은 그러지 않으셨다. 평소 로터리 클럽은 이런저런 행사들이 많다. 당연히 총재님도 그 행사에 참석하신다. 헌데 총재님은 높은 단상에 귀빈으로 앉아 계시다가도 무언가 잘못되면 스스럼없이 내려와 잘못 된 것을 바로잡아주고 다시 올라가시곤 했다. 다른 사람들은 체면 때문에 그냥 넘어가거나 못 본 체 할 테지만 총재님은 그러는 법이 없었다. 나는 그런 총재님을 보면서 참 많은 것을 배우고, 깨달았다. 그렇게 매사에 적극적이고 열정적으로 사시는 총재님이 부럽기도 하고, 닮고도 싶었다. 그런 적극적이고 열정적인 총재님의 삶은 우리 로터리 회원들에게는 늘 귀감이 되었다. 그냥 삶을 소극적으로 살거나 로타리 클럽활동을 해서는 안 된다는 것을 총재님은 당신이 직접 본보기로 보여주신 것이다. 로타리 뿐만이 아니었다. 총재님은 모든 일에 열정적이셨다. 이 나라의 문화나 예술, 또는 관광에 이르기까지 모든 분야에서 큰 공을 남기신 큰 분이시다.

나는 그분을 존경한다. 감사하게도 총재님은 나를 아우로 대하고 불러주셨다. 총재님은 가끔 나를 불러 어디를 가자거나 어디를 가지 않겠느냐며 동행하기를 원하셨다. 하지만 아쉽게도 자주는 다니지 못했다. 2007년도에 로터리 서울그룹에서 큰 행사를 치룬 적이 있었다. 하이얏트 호텔에서 열렸는데 그때 장관님은 총재직을 맡고 계셨다. 사실 총재님은 로타리 총재를 두 번이나 연임하셨다. 그날 총재님의 임기가 끝나 박선규 씨가 총재직을 이어받으셨는데 총재님은 그때 그 사진을 대전의 박선규 총재에게 가져다주고 싶어 했다. 때문에 나는 오 장관님 내외를 모시고 대전 유성으로 내려가 호텔에 묵으면서 이런저런 이야기들을 주고받았다.

지금도 나는 가끔 총재님을 꿈속에서 만난다. 꿈속에서 총재님은 그때처럼 이런저런 말씀들을 제게 해주신다. 꿈에서 뵐만큼 나는 총재님을 참 좋아했고, 지금도 좋아한다. 로타리 클럽에는 참 훌륭한 분들이 많다. 나는 그분들보다는 못하지만 그래도 열정만큼은 뒤떨어지지 않는다고 자부한다. 헌데 그런 나는 가끔 총재님한테 야단을 맞곤 했다. 한번은 이런 일이 있었다. 1996년도의 일이다. 나는 당시 인천그룹 협의회 회장단 의장을 맡고 있었는데 큰 기념행사 하나를 앞두고 있었다. 으레 로타리 행사에는 연사를 초청해 강연을 듣는 순서가 있었다. 그 기념행사 또한 마찬가지였다. 임원들은 연사로 누구를 초청할 것인가라는 문제를 두고 서로 많은 이야기를 했다. 나는 당연히 오재경 총재님을 모시자고 제안했다. 내 제안에 모두들 동의했고, 그렇게 총재님은 우리 협의회에 연사로 모시게 되었다.

헌데 문제가 생겼다. 연사로 오신 오재경 총재님 말고, 다른 한분이 예정에도 없던 말씀을 하겠다고 연단에 올라가 이야기를 하는 것이 아닌가. 그런 바람에 시간이 지체되었고, 총재님의 강연시간도 그만큼 줄어들어버리게 되었다. 그것 때문에 총재님은 화가 나셨다. 나는 걱정이 되었다. 오재경 총재님은 모든 것이 정확하신 분이라 그 돌발적인 상황이 몹시 불편하셨을 것이다. 아니나 다를까, 끝나고 나서 총재님은 나를 찾아와 야단을 치셨다. 우리에게 해줄 좋은 이야기들을 잔뜩 준비해가지고 왔는데 시간에 쫓겨 절반밖에 못하셨다는 것이다. 헌데 조용히 나만 불러 야단을 치셔도 됐으련만 총재님은 사람들 앞에서 당신의 아쉬운 마음을 나타내셨다. 총재님은 매사에 그렇게 열정적이시고 정확하셨다. 하지만 나는 그런 총재님이 야속하거나 서운하지 않았다. 그만큼 좋은 이야기를 들려주고 싶었는데, 그게 여의치 않아 속상해하시는 마음을 이해했다. 그런 총재님의 마음을 아는 터라 다음부터는 매사에 더 철저하게 준비하고, 점검했다. 그런 탓에 실수도 줄어들고 일들을 완벽하게 처리할 수 있게 되었다.

그 뒤로 나는 기분도 풀어드릴 겸 식사대접을 하려고 총재님을 찾아갔다. 한데 총재님은 육천 원짜리 식사를 하셨다. 아무리 내가 비싼 것을 드시라고 해도 막무가내셨다. 그렇게 총재님은 여러 가지로 나를 가르치셨다. 일을 할 때마다 나는 총재님을 생각한다. 내 실수를 나무라고 책망하던 총재님의 꾸지람을 상기해 매사에 철저히 준비를 하는 것이다. 그렇게 총재님은 우리를 훈련시키고 가르치셨다. 지금은 비록 계시지 않지만 총재님은 여전히 나를 가르치고 계시다는 것을 안다. 그래서 그립기도 하다.

또 오재경 총재님이 얼마나 위트가 넘친 분인지 사람들은 잘 알지 못한다. 예쁘고 아름다운 건물 하나도 그냥 지나치지 못하는 분이 바로 오재경 총재님이셨다. 한번은 케이비에스(KBS)를 돌아보고 나올 때였다. 한국은행 건너편에 예쁜 양식 식당이 하나 생겼는데, 자동차를 세우게 하시더니 전화번호를 알아오라고 하셨다. 나는 의아한 마음으로 전화번호를 알아서 가져다 드렸더니 대뜸 전화를 하셨다. 좋은 자리에 그렇게 좋은 식당을 지어서 좋은 음식을 먹게 해주니까 얼마나 고마운지 모르겠다고 말이다. 그때 총재님은 공보처 장관으로 계실 때였다. 한국에도 저렇게 아름다운 식당이 있다는 사실을 사람들에게 자랑하고 싶었던 것이 총재님의 마음이었다.

또 코리아하우스를 지을 때이다. 스테이지를 만들고 한쪽에 독일식 화이어 플레이스를 만들어야 하는데 화이어 플레이스를 만들 줄 아는 사람이 우리나라에는 한명도 없었다. 그저 인부로 온 노인이 굴뚝을 만들고 불을 지펴보는데 그게 여의치 않았다. 아무리 불을 지펴봐도 따듯하지도 않고 열 손실만 심했다. 게다가 화이어 플레이스를 알지 못하는 노인이라 곡선이나 각도 같은 것들도 몰라 그저 전전긍긍하고만 있었다. 그러던 어느 날 총재님은 점심을 먹다가 코리아하우스에 가보자고 하셨다. 그래서 총재님(장관님)을 모시고 갔는데, 화이어 플레이스를 만들던 노인이 젊은 장관님을 보자 일을 안 하겠다고 들고 있던 망치를 던져버리고 가버렸다. 붙잡아도 보고 달래도 보았지만 소용없었다. 총재님(장관님) 앞이라 더 민망하기도 하고, 야속하기도 했다. 헌데 총재님(장관님)은 다음날 다시 오셨다. 헌데 이번에는 와이셔츠 차림이었다. 그러더니 총재님은 문제의 노인인부에게 다가가더니 오늘 같이 한번 일해보자고 망치를 집어 들었다. 그날 오후 내내 두 분이서 돌을 만지고 깎고, 그러더니 결국은 완성해냈다. 그렇게 위트도 넘치고 집념도 있으신 분이 바로 오재경 총재님(장관님)이셨다.

한번은 덕수궁 돌담을 보고는 저걸 없애면 광장이 시원해 보일 거라 말씀하셨다. 나는 그분의 생각에 반대를 했다. 아무리 돌담이라도 고적인데 그걸 허물면 사람들이 가만있겠냐고 내 생각을 말씀드렸다. 하지만 장관님은 사람들을 먼저 생각하셨다. 결국 담장은 해체되었다가 다시 복원되었지만 총재님(장관님)의 애민의 마음은 참 따듯하기만 하다. 하지만 그때 당시 총재님(장관님)은 사람들로부터 무척 많은 공격을 받으셨다. 때문에 참 많이 속상해하셨다. 얼마나 속상하셨던지 나더러 의정부에 함께 가자고 하시더니 속내를 털어놓으셨다. 고함도 지르고, 울고 싶으면 울겠으니 그리 알라고 고백하셨다. 나는 그런 총재님(장관님)께 한 가지 제안을 드렸다. 울려면 아주 크게 우시라고. 그래서 모시고 간 곳이 단성사라는 영화관이었다. 극장에 가서 박수소리가 크게 나고 대포가 터질 때 맘껏 우시라고 모시고 간 것이다. 정말 총재님(장관님)은 그곳에서 우셨다. 불이 꺼지고 화면에서 시끄러운 소리가 날 때 우신 것이다. 나는 그때 총재님을 더 깊이 이해할 수 있었다. 열정이 깊은 만큼 상처도 크다는 것을 말이다.

하지만 총재님은 오래 앓지 않으셨다. 오래 앓고 계실 시간이 없었다. 해야 할 일이 너무 많으셨기 때문이었다.

제 자리에 있지 않거나 반듯하지 않고 깨끗하지 않으면 못 참는 성격이 바로 오 총재님(장관님)의 성격이었다. 그러니 매사에 깔끔하게 일을 처리해야 마음에 들어 하셨다. 그러니 그만큼 걱정도 크셨을 것이다.

나는 오 총재님(장관님)에게 골프를 권해드렸다. 일 하시는 거 외에는 취미가 없는 오 총재님(장관님)에게 취미를 하나 만들어 드려야겠다고 생각해서 권한 것이 골프였다. 헌데 골프장에 모시고 나갔더니 치시라는 골프는 치지 않으시고 잡초만 뽑고 계셨다. 아무리 골프를 치시라고 권해도 잡초를 보고 그냥 지나치시지 못했다. 그 깔끔한 성격은 어디에서나 나왔다. 한번은 박정희 치부위원회 위원장 댁에 가셨는데 유리창에 낀 먼지를 보고는 그대로 두지 못하고 손수건을 꺼내 닦기도 했다. 또 다른 누군가의 집에 가셔도 물건이 제자리에 있지 않으면 물건이 있을 자리를 일일이 일러주며 옮기라고 하셨다.

위트가 넘치는 만큼 위기능력대처도 빠른 분이 바로 오재경 총재님(장관님)이다. 무슨 일이든 사람이 하는 일에는 실수가 따르게 마련이다. 헌데 총재님(장관님)은 그걸 잘 수습하셨다. 때론 인간적으로, 때론 아주 엄격하게 자신을 관리하면서 직원들을 가르치고 일을 처리함으로써 많은 이들로부터 존경을 받으셨다.

그 분이 계시지 않는 다는 것이 참 아쉽다. 그 분이 그립다.

장관님은 제 처의 생명의 은인

홍문표
전 문화공보부 재미 공보관

1965년 3월 주미공보관 근무 임기가 끝나 본국으로 돌아갈 준비를 하고 있을 때 제 집사람이 갑자기 복통이 심해 인근에 있는 병원 응급실에 입원하며 여러 가지 검사를 받았으나 그 원인을 알 수 없다해 미국국립의료원에 조직검사를 의뢰해 임파선암이라는 진단이 나오자 그 때 미국에서도 백혈병이나 임파선암은 치료방법이 없다하면서 3개월을 넘기기 어려우니 한국으로 데려가 가족 친척들을 마지막으로 만나게 하는 것이 좋겠다고 했습니다. 제 처가 불치의 병에 걸렸다는 소문은 서울에 번졌고 장관님께서도 알게 되셨습니다. 나는 장관님께 전화로 환자를 데리고 서울에 가기로 마음을 정했다고 말씀드렸더니 "무슨 소리야. 한국에서 돈 있는 사람들은 암에 걸리면 미국에 가서 치료를 받는데, 미국국립의료원에서 계속 치료를 받게 해." 그러나 건강보험이 없어 당시 시험 중인 항암제 시험 케이스로 입원이 허락되었고 Maryland주 Baltimore시에 있는 국립의료원 소속 암동으로 이

송되어 치료를 시작했습니다.

입원한지 3일째 되던 날 의사로부터 긴급전화가 와 병원에 달려갔더니 환자의 상태가 나쁘다고 하면서 항암제 시험 중 최악의 일이 생겨도 병원 측은 책임이 없다는 내용의 합의서에 서약을 하라고 해 즉시 서명을 했습니다. 제 처를 담당한 젊은 의사는 하버드의과대학을 나오고 해군 군의관으로 혈액병 연구차 이병원에 파견된 젊은 의사였습니다. Dr. Lewis Slater라고 자기소개를 하면서 나와 제 처의 손을 꼭 잡으면서 용기와 희망을 가지라고 격려해 주었습니다. 우리 두 사람은 그 순간부터 이 젊은 의사에 깊은 믿음을 갖게 되었습니다. 치료 중 말이 통하지 않아 제 처에게 영어를 가르치기도 했습니다. 항암치료를 받기 시작하면서 식욕이 떨어져 미국음식을 먹지 못한다고 가까이 있는 중국식당에서 중국음식을 사다 주기도 한 인자한 젊은이였습니다. 이 치료를 받는 동안 가장 중요한 것은 기력회복이라고 하면서 좋아하는 한국음식을 사다 주라는 것입니다. 그러나 당시 그 지방에는 한국식당이 없어 한국대사관 친구 부인들에게 부탁해 한국음식을 만들어 가지고 갔습니다. 한국음식을 먹기 시작하면서 기력이 점차 회복되어 치료의 효과도 있었다고 후일 의사는 말했습니다.

Dr. Slater는 생전 처음 만난 한국인 처음 맛본 한국음식에 관심을 갖게 되었고 한국문화에도 관심을 갖게 되었습니다. 항암치료를 받기 시작한지 한 5주 만에 환자의 의식이 되돌아오면서 식욕도 좋아져 의사가 환자를 집으로 보냈습니다. 집에 돌아오자

환자 자신이 손수 자기 입에 맞는 음식을 만들어 먹더니 건강은 빠른 속도로 호전되어 2주 후 병원에 돌아갔더니 의사는 물론 간호원 들이 놀랬습니다. 일주일간 치료를 받은 후 Dr. Slater는 퇴원을 시키면서 앞으로는 외래환자로 2주에 한번 씩 오라고 했습니다. 외래환자로 약 반년을 치료 받은 후 혈액검사결과 암세포가 완전히 제거되었다면서 앞으로 영양 섭취만 잘하면 정상적인 건강을 회복할 수 있다고 했습니다. 의사는 환자에게 따뜻한 포옹을 하면서 건강을 기원했습니다. 그 후 나는 자주 의사와 전화통화를 했고 바쁜 중에도 나의 전화를 반갑게 받아 주었습니다. 하루는 Dr. Slater와 약혼녀 그리고 그의 동료의사 내외분을 집에 초대해 제 처가 만든 한국음식을 대접한 일이 있는데 처음 먹어보는 한국음식을 잘 먹었습니다.

그 해 10월에 Dr. Slater는 약혼녀와 결혼을 하고 한국으로 신혼여행을 가겠다고 하면서 가서 볼만한 곳을 적어 달라고 해 너무나 뜻밖이라 내가 잘못 알아들었는가 해 다시 물으면서 당시 관광공사에서 일하는 친구 변성철에게 소개 편지를 써 주었습니다. 서울에 도착한 다음날 내 친구를 방문해 관광안내를 받고 조선호텔로 돌아와 쉬는데 조금 전 관광공사에서 만난 Mr. Byun으로부터 전화가 왔답니다. 그의 말인즉 관광공사 총재이신 오재경 총재님께 홍문표의 처를 치료하는 Dr. Slater신혼부부가 한국으로 신혼여행을 와 조선호텔에서 묵고 있다는 말씀을 드렸더니 즉석에서 전화를 거시고 그날 저녁 집으로 초대하셔 성찬을 베풀어

주셨답니다. 지금도 Dr. Slater는 그때 Mr. Oh댁에서 먹은 한국 음식 생각을 가끔 한다고 합니다.

제 처의 임파암 치료에 성공한 Dr. Slater는 미국의학계에 널리 알려지게 되었고 그 후 임상기록을 슬라이드로 만들어 유명한 병원을 순회하면서 특강을 했다고 합니다. 그때만 해도 미국에서 백혈병, 임파선암, 하지킨스병과 같은 혈액암은 천명에 한 명 살수 있을까 말까 했답니다. Dr. Slater는 아직도 California 주 Irvine에 있는 UCLA Medical School에서 가르치면서 정부의 grants을 받아 암 연구를 계속하고 있다고 합니다. 작년 5월 San Diago에서 있었던 그의 큰 아들 결혼식에 가 마지막으로 만나고 왔습니다.

지금 돌이켜 생각하면 그 때 장관님께서 제 처를 한국으로 데려오지 말고 미국에서 치료를 끝까지 해보라는 말씀이 없었다면 서울에 가서 얼마 살지 못하고 세상을 떠났을 것입니다. 암 치료 후 33년을 살다가 죽었으니 그 33년은 장관님께서 주신 덤의 삶이었다라고 할 수 있습니다.

장관님, 나의 존경하는 영원한 boss, 제가 죽을 때까지 사랑하고 감사드립니다.

화보

1

관광공사 총재 시절 박정희 대통령으로부터 대통령수치를 받고 있다. (1964년)

2

한국 최초의 국제회의였던 태평양지역여행협회(PATA)총회에서 개회를 선포하시고 있는 박정희 대통령

3

PATA 총회 주관자인 오재경 공보부장관의 환영사 (1965)

4

공보실장 재임시 국내 문화진흥을 위해 해외 최고 예술가들을 초빙하곤 하였다. 세계적으로 명성 높은 헤르베르트 폰 카라얀의 방한도 그 한 예이었다.

5

신망과 후원을 아끼지 않았던 고 이기붕 전 부통령과 오재경 (공보실장 당시, 자택에서)

6

동아일보 창간 63주년 기념식에서의 新 동아일보 사장 오재경 (앞줄 왼쪽에서 다섯번째)

7

8

(7번, 8번) 관광공사 전 사장단 오찬회의에 참석한 전 오재경 장관

吳在璟팀力走1년

聽取者底辺擴大되가는KY

과감히 프로改編, 大衆속으로 파고들어

放送시간도 19시간서 22시간으로 늘려

KY후원회CBS가족회 發足

代行시키던 廣告업무는 直營

60명의 스탭도 3倍로 增員해

9

운영난으로 존립이 어려워진 CBS(기독교방송)를 맡아 언론탄압이 심하던 1960년대 정국에서 언론의 정도를 지켜 사회 전반의 신망을 받는 매체로 성장시킨 오재경 CBS 운영위원장에 대한 보도자료

10

사진 / 국가기록원

11 

사진 / 국가기록원

12 

사진 / 국가기록원

13

사진 / 국가기록원

14

완성된 한국의 집 내실 이름높은 한국 화가들의 그림을 배경으로한 이승만 대통령과 오재경 공보실장

15

근 20년간 USO(United Service Organization) 한국협의회 회장으로 발전에 크게 공헌한 오재경 전 장관이 그의 구상으로 출범된 후 오늘날까지 이어져 온 연차 Six Star Salute(6성 장군 환영) 만찬에 참석한 모습. 6성 장군 창설에 관한 말씀 후 UN연합사 관련자로부터 인사받는 장면

16

근 20년간 USO(United Service Organization) 한국협의회 회장으로 발전에 크게 공헌한 오재경 전 장관이 그의 구상으로 출범된 후 오늘날까지 이어져 온 연차 Six Star Salute(6성 장군 환영) 만찬에 참석한 모습. 6성 장군 창설에 관한 말씀 후 UN연합사 관련자로부터 인사받는 장면

ROTARY'S DECISION MAKERS

H. William Ives (1983-85), of Troy, Michigan, U.S.A., is chairman of Bio-Serve Corporation, a family-owned firm. He is a Past President of the National Pest Control Association, a former Trustee of Detroit Osteopathic Hospitals, and a director of the YMCA of metropolitan Detroit. Bill has been a Member of the Rotary Club of Detroit since 1953.

Tario Kanno (1983-85), of Shiogama, Japan, is Director of Midorigaoka Hospital and Chairman of the Board of Directors of Furukawa Midorigaoka Hospital. He is a Past Vice-President of the Japanese Association of Mental Hospitals and currently President of the Shiogama Mental Hygiene Association. Tario is also a counsellor to his city's social welfare association and President of the Shiogama Kendo Association. He has been a Rotarian since 1964.

Guido Arzua (1983-85) of Curitiba, Brazil, was a practicing attorney before retiring in 1971. He then became a Professor of Civil Laws at the University of Parana. He is a member of the Brazil Bar Association, and is currently an educational adviser for the Parana Institute for the Blind. A Rotarian since 1958, he is a member of the Rotary Club of Curitiba-Oeste.

Charles M. Fogel (1982-84) of Buffalo, New York, U.S.A., is Professor of Engineering and Director of the Industrial Liaison Office for the School of Engineering at the State University of New York at Buffalo. He has served on executive boards of the United Jewish Federation of Buffalo, Greater Niagara Boy Scout Council, and other agencies servicing the community. He has been a Rotarian since 1954.

Miguel A.F. Artola (1982-84) of La Plata, Argentina, is President and Chairman of F.C. Artola & Company, SACII, a sawmill lumber importer and building materials firm. He is a former secretary of the Commercial Bank of La Plata, past board member of the La Plata Stock Exchange, Past President of the state Chamber of Commerce, and is currently a board member of the Importers Chamber of Argentina. He has been a Rotarian since 1953.

Chae Kyung Oh (1983-85), of Seoul, Korea, is President of the Korean Association of Community Education, Chairman of the Board of Trustees of the Language Teaching Foundation, publisher and president of the *Sung-A Ilbo Times*, and Vice-Chairman of the Korean Society for the Rehabilitation of the Disabled. He has been Minister of Information and Culture and Governor of Tourism for the Korean government, as well as president of the Korea Christian Broadcasting System and chairman of the Pacific Area Travel Association. He has been a Rotarian since 1960.

Leslie S. Wright (1982-84), of Birmingham, Alabama, U.S.A., is President of Samford University in Birmingham, Alabama. He has served as President of the Alabama Historical Association, the Alabama Writers Conclave, the Alabama Public Television Commission, the Alabama Symphony Association, and the Alabama Ethics Commission. Les is currently a director of the Alabama Motorists Association and the Association of Alabama Independent Colleges and Universities, and a Trustee of the Freedoms Foundation. He has been a Rotarian since 1947.

Torsten Berglund (1982-84) of Strangnas, Sweden, retired last year as Chief of the Regional Chancellery of Civil Defense of Upper Sweden. He has served the army as infantry officer, and is a district past president of the Swedish Red Cross and past director of the board of the Swedish Red Cross. A Rotarian since 1953, Torsten is a member of the Rotary Club of Lidkoi.

17

1983~85년도 국제로타리 이사 동판 (아래 왼쪽에서 두 번째)

18
국제 로타리 아태지역회의를 주관하신 오재경 전 장관이 전통적 한복 차림으로 한국문화소개에 힘썼다. 동 회의가 성대하게 잘 치러진 탓에 1989년도 국제로타리 세계대회가 서울에서 열릴 수 있게 되었었고 오 장관은 그 국내 조직위원장을 맡아 로타리 세계대회 중 가장 성대한 것으로 이끌어 냈었다.

19
오재경 전 장관이 주관하신 국제 로타리 아태지역회의 개관 식전 행사 장면

20
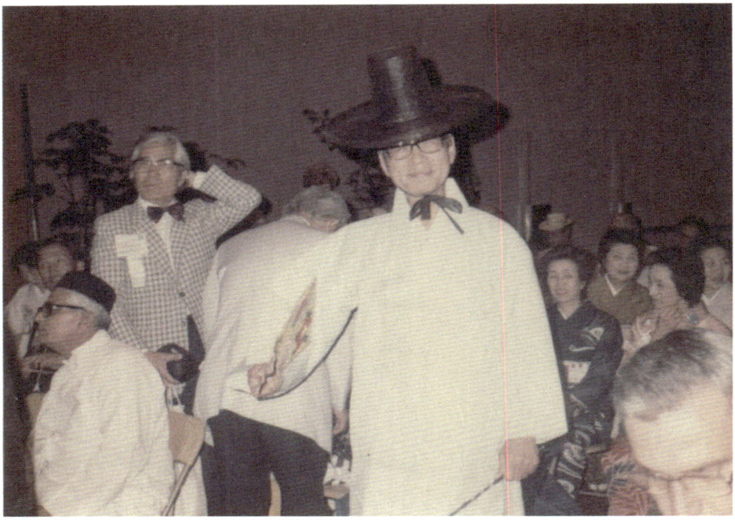
국제 로타리 아태지역회의에서 전통한국의상을 입고 한국문화의 일면을 알리며 즐거워하는 오재경 전 장관

21

국제 로타리 아태지역회의에 참석하신 태국의 라타쿨 전 총리와 함께

22

국제로타리 1989 서울 국제대회 개막식– 오재경 서울 국제대회 국내 조직위원장

23

한국로타리 서울클럽 회원들을 위해 주한미국대사 캐트린 스티븐스(Kathleen Stephens) 여사가 정동의 대사 관저에서 마련한 만찬에서의 오재경 전장관과 스티븐스 대사 (2009년경)

24

한국로타리 서울클럽 회원들을 위해 주한미국대사 캐트린 스티븐스(Kathleen Stephens) 여사가 정동의 대사 관저에서 마련한 만찬에서의 오재경 전장관과 스티븐스 대사 (2009년경)

25

국제 로타리 한일친선회의에서 한국측 대표로 참석하신 오재경 전 국제 로타리 이사

26

환영 인사받는 일본측 대표 菅野多利雄 이사

27

국제 로타리를 통해 맺은 각별한 친구 전 국 제로타리 이사 菅野多利雄 박사가 생신 축하 꽃바구니를 들고 오재경 전 장관을 자택으로 방문한 때의 모습

28

Plan International 초대 한국위원장 당시 네팔 어린이들과 함께 (1997년)

29

아카데미 하우스 준공식에 건축위원장 자격으로 테이프 커팅에 참석하신 전 오재경 장관

30
이씨 조선 왕조시대 궁중 친잠례 재현 행사에서 왕으로 분장한 전 오재경 장관

31
이씨 조선 왕조시대 궁중 친잠례 재현 행사에서 왕으로 분장한 전 오재경 장관

32

미수(米壽 88세) 기념 출판기념회에서 김동길 박사와 가족 (2007년)

33

김동길 박사가 자택 앞 뜰에서 베푼 죽포 오재경 전 장관의 94회 생신 오찬 잔치에서 (김동길 태평양시대위원회 위원장, 이동건 국제로타리 전 회장(뒷줄), 방우영 조선일보 이사장, 박보희 여사(앞줄)

34

죽포 94세 생신 오찬회에서 잔치를 베푸신 김동길 박사, 이연숙 전 국회의원 등과 함께

35

김동길 박사 및 이인수 박사(이승만 대통령 영식) 내외와 함께

36

김동길 박사 · 이인수 박사 내외, 노영혜 종이문화원 이사장 및 김기호 전 공보부 총무과장 등과 함께

37

방우영, 신성일, 조성호 전 CBS 보도국장, 신성일과 함께

38

전 장관이 별세 전 마지막으로 찍힌 영상 (2012. 6. 조선일보 제공)

39

충북 충주시 수안보면 고사리 이화여대 수련원으로 김옥길 전 총장을 방문한 오재경 전 장관. 두 분은 격의 없는 지기였다.

40
오재경 전 장관이 수십 년간 장로로 봉직하며 봉사한 서울 혜화동 혜성교회의 원로목사 박광옥 목사와

41
김수환 추기경과 함께 (2004년 11월)